믿음으로 하는 비즈니스

믿음으로 하는 비즈니스

1판 1쇄 찍음 / 2004년 6월 14일
1판 4쇄 펴냄 / 2018년 6월 10일

지은이 / 다니엘 박
펴낸이 / 배동선
마케팅부/ 최진균
총무부/ 허선아
펴낸곳 / 아름다운사회

출판등록일자 / 2008년 1월 15일
등록번호 / 제2008-1738호

주소 / 서울시 강동구 성내동 419-28 아트빌딩 2층 (우: 05403)
대표전화 / (02)479-0023   팩스 / (02)479-0537
E-mail / assabooks@naver.com

ISBN 89-5793-046-9 03320

값 5,000원

* 잘못된 책은 교환해 드립니다.

믿음 · 소망 · 사랑으로 이루어지는 비즈니스!!

믿음으로 하는 비즈니스

믿음 · 소망 · 사랑

저자 다니엘 박

모든 크리스천 사업가들을 위한 필독서!!

믿음으로 하는 비즈니스를 통해 그치지 않는
축복의 파이프라인을 건설해 봅시다!

도서출판
아름다운사회

contents

책 속으로 들어가면서 ... 7

비즈니스의 4차원 세계 ... 13

변화에 대한 두려움을 품고 사는 사람들 ... 15
하나님이 원하시는 풍요로운 삶 ... 23
네트워크 마케팅의 숨겨진 4차원 세계의 가치 ... 29

4차원 세계의 3대 영성 ... 35

1. 4차원 세계 1단계 – 믿음 ... 37

1) 믿음의 사람이 네트워크 비즈니스를 시작한다 ... 37
2) 아브라함과 믿음 ... 38
3) 비즈니스와 믿음의 법칙 ... 40
4) 믿음의 여정 ... 54
5) 믿음의 분량 ... 66

2. 4차원 세계 2단계 – 소망 ... 69

1) 소망의 사람이 네트워크 비즈니스를 끝까지 지속한다 ... 69
2) 요셉과 소망 ... 71
3) 소망이 있는 사람 ... 75
4) 소망을 품은 사람들의 파워 ... 77
5) 소망은 소명의 지렛대 ... 84

3. 4차원 세계 3단계 – 사랑 ... 89

1) 사랑의 사람이 네트워크 비즈니스 세계에서 존경 받는다 ... 89
2) 예수님과 사랑 ... 90
3) 네트워크와 바울 ... 92
4) 사랑의 원리에서 배우는 지혜들 ... 94
5) 사랑은 닫힌 마음의 문을 여는 열쇠 ... 108
6) 믿음의 역사와 사랑의 수고와 소망의 인내 ... 109

책을 펴내며 ... 111

"**너희의 믿음의 역사와 사랑의 수고와 우리 주 예수 그리스도에 대한 소망의 인내를** 우리 하나님 아버지 앞에서 쉬지 않고 기억함이니 하나님의 사랑하심을 받은 형제들아 **너희를 택하심을 아노라**"(데살로니가 전서 1: 3-4)

책 속으로 들어가면서

하나님의 관심은 어디까지이실까? 그 답은 '모든 영역에까지 이른다' 입니다. 어떤 사람들은, 하나님은 영이시기 때문에 영적인 면에만 치중하시고 물질적인 면에는 소홀하시다는 편견을 갖고 있습니다. 보이는 물질세계는 하나님께서 창조하신 세상입니다.

당연히 그분의 관심과 돌봄, 운행하심이 깃드는 곳입니다. 또한 예수님도 천국과 지옥에 대한 이야기보다도 물질 소유에 대한 말씀을 많이 하셨습니다. 그 비중은 성경에 기록된 가르침의 절반에 이를 정도입니다.

사람들은 돈에 대한 두 가지 오해로 인해 성경을 잘못 해석하는 경우가 많습니다. 그 첫 번째 오해는 돈이 악하다는 생각입니다. 사실 돈이란 좋은 것도 나쁜 것도 아닌 중립적인 것입니다. 성경에서 실제 말하고 있는 것은 "돈을 사랑함이 일만 악의 뿌리가 되나니"(디모데전서 6:10)입니다. 돈이 문제가 아니라, 돈을 사랑하는 것이 문제라는 것입니다. 돈 자체가 악하다기보다는 그것을 어떻게 대하며 어떻게 사용하느냐가 중요합니다.

사람을 단지 재물을 얻는 이용의 대상으로 생각할 때 문제에 빠지게 됩니다. 하나님은 사람이 재물보다 더 중요하다고 여기십니다.

돈에 대한 두 번째 오해는 돈이 행복의 열쇠라고 믿는 것입니다. 그러나 이것은 진실이 아닙니다. 만약 돈만 있으면 행복해지는 것이 사실이라면 돈이 가장 많은 사람이 가장 행복해야 될 것입니다. 오히려 지혜롭지 못하게 물질을 탐닉하다가 낭패를 보는 사람들이 훨씬 많습니다. 예수님이 말씀하시길 "삼가 모든 탐심을 물리치라 사람의 생명이 그 소유의 넉넉함에 있지 아니하니라"(눅12:15) 하셨습니다.

그렇다면, 돈은 무엇입니까? 웰빙(Wellbeing)을 위한 기본적인 요소라고 표현하는 것이 옳습니다. 가족사랑, 효도나 형제우애, 그리고 베푸는 삶을 살기 위해서 필요한 도구라고 생각하는 것이 맞습니다. 사람들은 마음이 가는 곳에 돈을 씁니다. 그 우선순위가 사람의 존엄성을 위한 것이고, 사람을 소중히 여기는 가치에서 나온 것이라면 열심히 재물을 모으고 그것을 현명하게 사용해야 할 것입니다.

종교개혁의 리더였던 루터나 칼빈은 신앙인들이 귀천을 따지지 않고 직업을 갖는 일과 열심히 일해서 돈을 버는 것을 신앙의 표현이라고 했습니다. 그러므로 우리는 돈에 대해서 '악하다'거나 '행복의 열쇠'라는 극단적인 생각을 버리고, 사람을 위해서 아름답게 사용해야 할 도구라는 가치를 품고 열심히 일해야 한다는 것입니다.

돈에 대한 바른 가치를 세웠다면, 돈을 어떻게 벌 것인가에 대해서 생각해 봐야 합니다. 시대의 변화에 따라 돈을 버는 방법도 바뀌어 왔습니다.

농경시대는 대지의 소유와 노동력으로 그리고 산업시대

는 자본과 기술력으로 돈을 벌었습니다. 정보시대에 이르러서는 정보력이 곧 재산이 되었습니다. 그런데 미래사회는 그 어느 시대보다 사람을 중심으로 하는 사회가 형성될 것이기 때문에 무엇보다도 사람이 가장 큰 자산인 시대가 펼쳐질 것입니다. 그러므로 좋은 대인관계를 형성할 수 있는 리더십과 네트워크 지수가 높은 사람들이 성공하는 시대가 열릴 것입니다. 이런 미래사회는 사람들의 내면세계를 잘 이해하고 포용할 수 있는 영성지수가 높은 사람들이 리더십을 발휘하게 된다는 것입니다.

그 동안 농경사회나 산업사회 그리고 정보사회에서는 돈을 버는 기술과 사람의 존엄성이 분리되었다고 말할 수 있습니다. 그러나 미래사회는 일하면서도 보람을 느끼고 사람대접을 받을 수 있는 직업을 추구하는 시대가 열리기 때문에, 인간성을 상실한 직업이나 인간의 존엄성과 분리된 채로 돈만을 버는 일에서 벗어나려 할 것입니다. 사람들은 시간의 자유, 물질의 자유, 친구의 자유를 누리면서 일을 할 수 있는 직업을 선택하게 될 것입니다.

이런 일을 가능케 하는 직업을 한 마디로 표현한다면 '네트워크 비즈니스'라고 할 수 있습니다.

미래사회를 휴먼 네트워크 시대로 표현할 수 있다면, 네트워크 비즈니스는 미래사회의 경제중심이 될 것입니다.

특히 네트워크 비즈니스의 핵심원리가 인간의 정신적 세계와 영적 세계에서 비롯된 것임을 알게 될 때, 크리스천들의 역할이 얼마나 큰가를 인식하게 될 것입니다.

이 책은 바로 이런 네트워크 비즈니스의 깊은 내면세계인 4차원적인 측면을 다룬 책입니다. 이 책을 통해 네트워크 사업을 펼치는 크리스천들이 네트워크 비즈니스 철학에 숨어 있는 보물들을 발견하고, 더욱 멋있는 사업을 펼치길 기도합니다.

다니엘 박

01

믿음으로 하는 비즈니스

비즈니스의 4차원 세계

변화에 대한 두려움을 품고 사는 사람들

하나님이 원하시는 풍요로운 삶

네트워크 마케팅의 숨겨진 4차원 세계의 가치

비즈니스의 4차원 세계

변화에 대한 두려움을 품고 사는 사람들

과학자 갈릴레오는 새로운 사실을 사람들에게 알려서 새 문화를 창출하는 데 한몫을 했던 인물입니다. 16세기 이전 수 세기 동안 사람들은 '물체가 무거울수록 땅에 더 빨리 떨어진다'는 아리스토텔레스의 말을 철저히 신봉해 왔습니다. 아리스토텔레스는 역사상 가장 위대한 사상가로 간주되었고, 그런 그가 오류를 범하리라고는 아무도 생각지 못했습니다. 그랬기에 그의 잘못된 학설을 뒤집어 놓을 만한

용감한 사람이 필요했습니다.

공중 높은 곳에서 정말 무거운 물체와 가벼운 물체를 떨어뜨렸을 때 결과가 어떻게 나올지 실험해 본 사람은 갈릴레오 이전 2천년 동안 한 사람도 없었습니다.

1589년 갈릴레오는 이름난 학자들을 모두 피사의 사탑 아래로 모이게 한 후, 10파운드와 1파운드가 나가는 두 개의 물체를 동시에 떨어뜨리는 실험을 했습니다. 어떻게 되었을까요? 결과는 두 개 모두 동시에 땅바닥에 떨어졌습니다. 그러나 학자들은 이 실험을 보고도 여전히 아리스토텔레스의 학설을 주장하고 있었습니다. 그들에게 무엇이 그렇게 두려웠을까요? 그것은 사실을 인정하는 '변화에 대한 두려움'이었습니다.

갈릴레오는 자신이 개발한 망원경을 이용해 '지구가 천체의 중심이 아니라, 지구와 혹성들이 태양 주위를 돌고 있다'는 코페르니쿠스의 이론을 증명했습니다. 그 결과, 갈릴레오는 사람들의 신념을 바꾸려다가 감옥에 갇히게 되고 불행하게도 여생을 가택에 연금된 채 살아야만 했습니다.

(그가 만약 현대에 살았다면 가택연금에도 불구하고 인터넷을 통해 그 진실을 세상에 널리 알렸을 것입니다.)

이런 일은 변화를 두려워하는 사람들의 무지에서 나온 결과입니다. 그러나 지금은 갈릴레오의 주장이 틀리다고 하는 사람은 아무도 없습니다.

사람들은 새로운 변화에 대해 어떤 반응을 합니까? 대개는 막연히 거부하거나 무관심해 버리는 경향이 많습니다. 특히 자신이 신봉해 오던 이념이나 가치를 흔들어 놓는 것이라면, 자세히 들어보기도 전에 아예 귀까지 막아버리기도 합니다.

철학자 아리스토텔레스는 관찰이나 실험 없이 순수 이성으로 우주 진리에 도달하려 했지만, 과학자 갈릴레오는 모든 것을 관찰과 실험을 통해 검증하려 했습니다.

실제적이고 사실적이어야 하는 과학 분야에 대해서 종교적, 철학적 시각으로 정의를 내린다는 것은 큰 무리가 따랐지만, 늘 과학과 같은 분야가 철학이나 종교 밑에 놓여 있던 중세이전의 시대에서는 감히 위대한 철학자나 종교지도자의 사상에 거역한다는 것은 상상할 수 없는 노릇이었습니다.

선구자인 누군가에 의해 하나의 새로운 사실이 밝혀지고 제대로 전파되어 저변이 확대되기 전까지 사람들은 새로운 사실을 쉽게 받아들이기에 앞서 변화에 대한 두려움을 잔뜩 품고 살아왔다고 볼 수 있습니다.

어느 분야이든지 새로운 진실이 드러나면 처음에는 충격과 갈등, 심지어 거부 반응이 나타나는 것이 자연스러운 일인지 모릅니다. 그러나 그 새로운 것이 지극히 윤리적이고 인간의 존엄성을 내포한 것이라면 두 손을 들고 환영할 일입니다.

수돗물을 예로 들어보겠습니다. 우리는 흔히 옛날 사람들은 깨끗한 물만 마셨을 것이라고 생각하기 쉬운데, 꼭 그런 것만은 아닙니다. 수돗물이 나오기 전, 그러니까 개울물이나 우물물을 퍼마시던 그 때는 물 때문에 생기는 전염병이 참 많았습니다. 우리는 아주 오랜 옛날부터 수돗물을 마시기 시작하였다고 착각하기 쉬운데, 수돗물의 역사는 생각보다 그리 오래 되지 않았습니다. 수돗물의 역사가 우리보다 앞선 영국도 지금으로부터 150여 년 전, 수도 시설이 갖추어지기 전에는 수인성 전염병인 콜레라 때문에 많은 사람들이 죽었습니다. 1841년 당시 리버풀, 맨체스터 시민의 평균 수명은 불과 26세였다고 하니 수돗물이 나오면서 사람의 수명은 크게 늘었다고 할 수 있습니다.

반면 영국에 비해 우리 나라의 수돗물의 역사는 100년이 채 안 됩니다. 1908년에 서울의 뚝섬에 정수장이 처음 생겨 서울 시민들에게 수돗물을 공급하기 시작하였으며, 시민들 모두 수돗물을 마시는 일을 큰 자랑거리로 여겼었습니다.

지금은 그 수돗물을 한 번 더 정수해 먹는 것이 건강에 유익하다는 이유로 집집마다 정수기 사용이 큰 인기를 끌고 있지만 말입니다. 아무튼 정수장 시설과 수도관 설치비용이 만만치 않았지만, 새로운 음료수의 변화였던 수돗물 사용은 결과적으로 사람의 수명을 연장시켰고 질병을 예방하는 효자 노릇을 톡톡히 한 것이어서 쌍수를 들어 환영하는 사람들이 많았습니다.

반면에 사람의 목숨이 달린 문제임에도 새로운 변화에 대한 두려움은 사람들을 어리석게 만들기도 합니다. 사람들은 어려운 문제가 너무나 쉬운 방식으로 단번에 해결될 때에는 쉽게 믿으려 하지 않습니다.

의성 히포크라테스가 무시무시한 괴혈병에 대한 경고와 그 병에 대한 상세한 설명을 했지만, 그 치료책이 없어 수백 년 동안 괴혈병으로 수많은 사람들이 죽게 되었습니다. 그런데 영국의 해군병원의 주치의였던 제임스 린드라는 사람이 괴혈병의 문제를 쉽게 해결한 것이었습니다.

선박이 출항할 때마다 그가 담당한 배에 비타민이 풍부한 과일을 가져가게 한 결과 몇 달씩 바다에 나갔다가 돌아오는 군인들이 대다수 건강한 모습이었지만, 그렇게 하지 않은 배에서는 많은 병사들이 죽어서 돌아오는 것을 발견하게 되었습니다. 이에 주치의 린드는 '괴혈병은 단순히 레몬주스를 제공하기만 하면 된다'라는 내용의 치료법을

1753년 출판하게 되었습니다. 그러나 그의 치료방법은 너무나 간단하고 과학적이지 못하다는 이유로, 책이 발표된 이후로 40년 동안 계속해서 괴혈병으로 많은 사람들이 죽어가고 있는데도 불구하고, 다른 의사들과 영국의 해군대신들에 의해 철저히 무시당해왔습니다.

사실 '비타민 C' 하나로 간단하게 해결하는 것이 아니라, '괴혈병의 최고 특효약'이라면서 괴혈병에 직접적으로 관계가 없는 값비싼 각종 재료들을 합성하여 포장했더라면, 아마도 사람들은 앞을 다투어 비싼 값에 그 약을 사려고 아우성을 쳤을 겁니다.

이처럼 변화와 새로운 방식을 두려워하는 리더들의 우둔함과 억지가 많은 사람들의 목숨을 담보로 삼는 일이 인류 역사에 많았다는 것을 알 수 있습니다. 변화에 대한 두려움을 갖고 있는 리더들로 인해서 앞으로도 어떤 억지논리와 편협함이 수많은 사람들의 목숨을 앗아가고 그들의 삶을 힘들게 할지 모르는 일입니다.

수돗물이나 괴혈병의 치료방법처럼 단순하고 쉬운 원리가 사람들에게 건강과 유익을 주는 것처럼, 사람들에게 경제적인 면에서 매우 유익함을 줄 수 있는 것이 있다면 당신은 어떤 태도를 보이겠습니까?

'가난은 나라님도 어쩌지 못한다'는 옛말처럼 경제문제를 제대로 해결하지 못한다면, 우리의 삶을 지치게 만드는 무거운 짐이 될 것입니다. 요람에서 무덤까지 짊어지고 갈 경제문제는 그 누구도 빗겨갈 수 없는 문제이기 때문입니다.

'사람이 떡으로만 살 것이 아니라'는 그리스도의 가르침을 따라 청빈의 삶을 추구하는 사람들이 있는 것을 봅니다만, '신앙이 없는 떡'도 문제지만 '떡 없는 신앙'도 극단적 신비주의에 빠질 수 있다는 점을 간과해서는 안 됩니다.

어머니 뱃속에서 시작된 경제문제는 마지막 숟가락을 놓는 순간까지 그 일에서 자유로울 수 없습니다. 평생을 두고 해결해 나가야 할 경제문제는 만만치가 않습니다.

그런데 이렇게 부담스러운 경제적인 문제의 실마리를 쉽

게 풀 수 있는 새로운 해결책이 제시된다면 당신은 어떻게 반응하시겠습니까? 새로운 것에 대한 두려움입니까? 아니면 새로운 것에 대한 환영입니까?

경제에 대한 새로운 해결책인 네트워크 비즈니스에 대한 반응은 두 가지로 갈려있습니다.

만약 당신이 두려움 편에 서 있다면 네트워크 비즈니스의 내면적 가치를 발견하고 그 두려움에서 벗어나길 바라며, 이미 새로운 것을 환영하는 편에 서 있다면 보다 깊은 4차원의 가치를 발견해서 사업에 적극 활용하길 바랍니다. 당신이 크리스천이라는 전제하에 성경에 나타나 있는 경제에 대한 하나님의 생각을 좀 더 나눠 보겠습니다.

하나님이 원하시는 풍요로운 삶

가난이 미덕이라고 믿고 싶어 하는 크리스천들이 종종 있는 것 같습니다.

어떤 사람은 가난이 옳다고 하고, 어떤 사람은 부요가 옳다고 갑론을박을 합니다. 엄밀히 말하자면 가난과 부요의 문제는 옳고 그름의 문제가 아니라, 안타까움과 여유로움의 차이일 뿐입니다. 그러나 그 안타까움이 심각하다면 가난이 결코 미덕이 될 수는 없습니다. 요즈음 장안에 화제가 된 사회의 한 이슈인, "가난 3대까지 대물림합니다"라는 의미심장한 메시지는 사람들의 마음을 무겁게 만들었습니다.

미국의 경제학자 래그나 누르크세가 제시한 '빈곤과 건강의 악순환의 고리'는 빈곤은 위생문제와 영양결핍의 문제를 일으켜 건강을 잃게 하고, 건강하지 못한 사람은 생산성에서도 뒤쳐져서 변변치 못한 수입으로 인해 더욱 심각한 빈곤에 빠진다는 것입니다. 이러한 가난은 자녀에게도 심각한 영향을 끼쳐서 적어도 3대까지 대물림을 하게 된다는 것입니다. 가난을 벗기 위해서 죽을 힘을 다해 그 깊은 골에서 헤쳐 나오려면 적어도 100년은 걸린다는 말입니다.

이런 가난은 단순한 불편함을 넘어 참담함의 지경에까지 이르게 합니다. 가난 때문에 목숨을 끊는 일까지도 발생하고 있는데 가난을 과연 미덕이라고 할 수는 없습니다.

5~60년대처럼 국가가 총체적으로 가난했던 시절엔 가난한 사람이 열심히 공부해서 사법고시에 합격하여 판검사가 되거나 의사가 되어 집안을 일으켰다는 미담을 흔히 접할 수 있었습니다.

그러나 현대사회는 물질이 뒷받침이 돼 주지 않으면 좋은 대학에 들어갈 수 없을 뿐더러 좋은 직장에 들어갈 수 있는 기회조차도 주워지지 않는 사회현실 앞에 놓여있습니다. 결코 가난이 미덕이 될 수 없는 시대에 우리는 살고 있습니다.

그렇다면 과연 하나님은 가난에 대해서 어떻게 생각하실까요? 아담과 하와에게 베푸셨던 에덴동산의 풍요로움은 사람들을 향하신 하나님의 마음이십니다.

성경에 기록된 '악인과 의인에게 비를 내리시는 하나님'은 가난이 결코 하나님의 목적이 아니시라는 점을 잘 드러내는 대목입니다. 하나님을 믿지 않는 불신자들에게 조차도 삶의 기회를 베푸시는 하나님께서 신앙인들에게 맹목적인 가난을 주실 리가 없다는 말입니다.

때로는 고난과 역경이 진정한 신앙을 얻게 하는 도구로 사용되기도 합니다만, 고난이나 역경 자체가 하나님의 목적은 아닙니다. '우리의 부요를 위해서 그리스도의 가난케 되심'은 예수께서 지신 고난의 십자가의 목적이기도 합니다. 그 부요가 물질적 풍요로움에 국한되는 것이 아닌 영적인 측면에도 해당된다는 점을 인정하면서, 가난함을 하나님의 뜻으로 잘못 인식하고 있는 편견은 버려야 한다는 생각입니다.

'윌리엄 캐리'라는 인도의 선교사는 이런 기독교 정신을 가장 잘 실천한 신앙인 중에 한 사람입니다. 20세기 초 인도를 복음화하면서 그는 경제면 경제, 교육이면 교육, 철학이면 철학, 농업이면 농업 등 약 20여 개 분야의 일에 종사하면서 낙후된 인도를 개발하는 데 앞장섰던 인물입니다. 그의 직업을 하나 꼬집어서 이것이라고 할 수 없을 정도로 많은 일을 했던 활동적인 사람이었습니다. 인도는 그런 그를 존경했고, 그가 전하는 복음은 사랑의 실천으로 인해 진솔

하게 받아들여졌습니다.

종종 기독교를 영적인 면과 물질적인 면으로 양분해서 해석하려는 경향이 있습니다. 이를 '이원론화'라고 하기도 하는데, 쉽게 말해서 물질은 무조건 세속적인 것이고, 영적인 것은 거룩한 것이라고 양분하고 있다는 점입니다.

영적인 세계를 무시하고 물질적인 세계에만 매달리는 경향은 반드시 기독교 입장에서 경계해야 할 점입니다. 그러나 물질세계를 죄악시하면서 무조건 배제하는 자세도 기독교적이지 못하다는 생각을 가져야 합니다. 오히려 신앙의 실천을 위해서 '돈이 얼마나 아름답게 활용될 수 있느냐'라는 과제를 잘 풀어나가야 할 사람들이 바로 신앙인이라는 점입니다.

한국 초대기독교는 어떠했습니까? 복음이 전파되는 곳에 사람들의 삶을 회복시키고 풍요로운 삶을 누릴 수 있도록 학교와 병원이 세워지지 않았습니까? 이런 것들은 '복음의 미끼'가 아니라 '복음 그 자체'였습니다.

한국 대학의 뿌리인 이화여대나 연세대학교 그리고 부설 병원은 모두 외국인 선교사들이 복음과 함께 세운 시설들입니다.

이것은 온 백성들이 희망도 없이 가난에 찌들어 있던 시절에 베풀어진 하나님의 사랑이었습니다. 그리고 '굿 뉴스(복음)'였습니다. 이 시설을 통해 좋은 인재들이 배출되었고, 그 인물들이 한국 사회를 이끌어 갔습니다. 그 여파로 전국 방방곳곳에 교회가 세워지고 수백 년 동안 전해 내려오던 유교와 불교에 전통의 뿌리를 두었던 많은 사람들이 기독교인이 되는 계기가 마련되었습니다.

건전한 신앙이란 언제나 물질세계와 영적세계를 극단적으로 분리해서 다루는 것이 아니라, 이 두 세계를 연계하고 잘 조화시킬 수 있는 신앙을 말합니다. 하나님께서는 우리의 영혼이 잘 됨 같이 모든 일이 잘 되고, 신체적으로나 정신적으로 건강하기를 원하십니다.

100년 동안 한국교회의 도구로 잘 활용되었던 학교나 병원 같은 시설에서 한 걸음 나아가, 미래사회의 풍요로운 삶을 위해서 누구에게나 기회가 주어진 네트워크 비즈니스를 통해 '경제복음'이 전파돼야 할 때라고 생각합니다.

군이 네트워크 비즈니스를 미래사회의 복음의 도구로 언급하는 것은 네트워크 비즈니스가 일종의 새로운 마케팅 원리라는 측면뿐만 아니라, 기독교 영성에 뿌리를 깊이 내리고 있다는 점에서 경제복음의 훌륭한 도구로 활용할 충분한 가치가 있기 때문입니다.

네트워크 마케팅의 숨겨진 4차원 세계의 가치

물질에 대한 기독교적 세계관이 정리가 되었다면, 풍요로운 삶을 살기 위해 열심히 일하고, 그로 인해 성공을 거둔 사람들의 삶을 들여다보는 것이 필요할 것입니다.

특히 크리스천 사업가들이 신앙의 원리를 자신들의 사업에 어떻게 접목했는가를 살피는 것은 우리에게 큰 도움을 줄 수 있습니다.

네트워크 비즈니스 세계에서 크게 성공한 대다수 사람들

의 공통점은 '믿음과 소망과 사랑'이라는 영성지수가 풍부한 사람들로서 이들은 실천적인 신앙심이 깊은 사람들입니다. 믿음이나 소망, 사랑은 사람의 외모와는 달리 밖으로 잘 드러나지 않는 내면의 특성을 갖고 있습니다. 달리 표현하면 보이지 않는 4차원적인 영적 특성을 지니고 있습니다. 눈에 보이는 세상을 3차원 세계라고 흔히 표현합니다.

그 이유는 두 점 사이를 선으로 그어서 생긴 선분을 1차원이라고 본다면, 이 선을 수없이 그어 생기는 평면을 2차원이라고 할 수 있습니다. 그리고 그 평면을 하나씩 중첩해서 계속 쌓으면 입체공간이 생기는데 이를 3차원이라고 할 수 있습니다. 그래서 우리가 사는 물질세계의 공간을 3차원 세계라고 표현할 수 있습니다.

그런데 1차원인 선은 2차원인 면에 포함되고 지배를 받습니다. 그리고 2차원인 면 또한 3차원인 입체에 포함되고 지배를 받습니다. 마찬가지로 보이는 물질세계인 3차원 세계는 보이지 않는 영적세계인 4차원 세계에 속해 있고 지배를 받게 됩니다.

네트워크 마케팅의 원리는 표면적으로 일반적인 마케팅 원리를 지니고 있지만, 내면적으로 정신적이고 영적인 가치관이 포함되어 있기 때문에, 시간이 지날수록 영성지수가 풍부한 사람들이 사업을 잘 하고 있다는 점을 발견하게 됩니다.

달리 표현해서 3차원 세계를 지배하고 다스릴 수 있는 4차원 세계인 영적세계에 속해 있는 사람들에게 이 사업은 유리하다는 말입니다.

즉, '믿음의 사람'이 네트워크 비즈니스 세계의 숨겨진 가치를 발견하고 이 사업을 시작하며, 꿈이 있는 사람, 즉 '소망의 사람'이 네트워크 비즈니스를 끝까지 인내해서 성공을 이루며, '사랑의 사람'이 네트워크 비즈니스 세계에서 존경을 받는 리더로서 큰 사업을 이끌어 간다는 뜻입니다.

이런 영적 가치관이 네트워크 비즈니스 세계에 포함되어 있기 때문에 수많은 신앙인들이 이 사업을 누구보다도 잘 이해하고 이 사업을 신앙과 잘 접목해서 펼치고 있습니다.

또한 신앙인에게 네트워크 비즈니스의 최대 매력은 '성

> "믿음으로 모든 세계가 하나님의 말씀으로 지어진 줄을 우리가 아나니 보이는 것은 나타난 것으로 말미암아 된 것이 아니니라"
> (히브리서 11:3)

공과 돈' 이전에 비즈니스의 원리가 신앙의 그것과 딱 들어맞기 때문에, 다른 사람들보다도 신바람나게 콧노래를 부르며 재미있게 사업을 할 수 있습니다.

이 세 가지 내면의 가치관을 잘 활용하면 네트워크 비즈니스의 뿌리를 깊이 내려서 성공의 큰 나무를 자라게 할 수 있습니다. 그렇게 돼서 그 커다란 아름드리 성공나무 아래에서 수많은 사람들이 휴식을 얻고, 그 나무에서 열매를 나누어 가질 수 있기를 기대해 봅니다.

현재 보이는 것은 보이지 않는 영적 4차원 세계의 영향을 받습니다. 네트워크 비즈니스에서 성공하길 원하십니까?

4차원 세계의 원리를 사용하십시오.

이제, 그 원리를 알도록 네트워크 비즈니스의 영적 가치관인 믿음과 소망과 사랑의 4차원 세계로 초대해 볼까 합니다.

4차원은 3중 구조로 되어 있습니다.

네트워크 사업은 믿음을 갖고 우리 자신의 동기부여로부터 출발합니다. 그리고 우리 자신의 사업에 대한 비전과 사업을 함께 하는 파트너에 대한 소망으로 지속합니다. 마지막으로 사랑의 리더십을 발휘하여 사업 공동체를 확장시켜 나갑니다. 즉, 믿음과 소망과 사랑은 나와 너 그리고 우리라는 영역을 이끄는 4차원의 원동력이 됩니다.

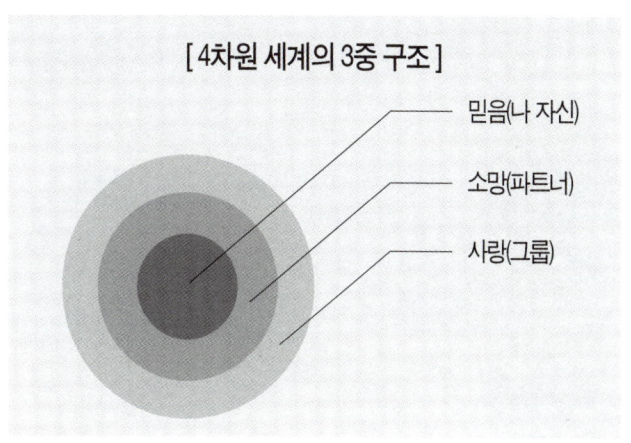

02

믿음으로 하는 비즈니스

4차원 세계의 3대 영성

1. 4차원 세계 1단계 – 믿음
1) 믿음의 사람이 네트워크 비즈니스를 시작한다
2) 아브라함과 믿음
3) 비즈니스와 믿음의 법칙
4) 믿음의 여정
5) 믿음의 분량

2. 4차원 세계 2단계 – 소망
1) 소망의 사람이 네트워크 비즈니스를 끝까지 지속한다
2) 요셉과 소망
3) 소망이 있는 사람
4) 소망을 품은 사람들의 파워
5) 소망은 소명의 지렛대

3. 4차원 세계 3단계 – 사랑
1) 사랑의 사람이 네트워크 비즈니스 세계에서 존경 받는다
2) 예수님과 사랑
3) 네트워크와 바울
4) 사랑의 원리에서 배우는 지혜들
5) 사랑은 닫힌 마음의 문을 여는 열쇠
6) 믿음의 역사와 사랑의 수고와 소망의 인내

1. 4차원 세계 1단계 – 믿음

1) 믿음의 사람이 네트워크 비즈니스를 시작한다

성경에 "**믿음은 바라는 것들의 실상이요 보지 못하는 것들의 증거니**"(히브리서 11:1)라고 기록되어 있습니다.

네트워크 비즈니스는 아직 이뤄지지 않은 휴먼 네트워크를 구축해야 하고, 그들이 네트워크 마케팅의 원리를 믿고 함께 움직여야만 성공할 수 있기 때문에, 이 분야에서는 네트워크 비즈니스에 대한 비전을 보고 믿음이 확고하게 선 사람들이 사업을 시작합니다.

믿음의 사람들의 특성을 보면, 남다른 상상력을 지녔습니다. 아직 이뤄지지 않은 일들에 대해 상상을 잘 하며, 한번 목표가 설정되면 확신을 갖고 돌진하는 특성을 갖고 있습니다. 그러므로 아직 이뤄지지 않은 일들에 대해 믿음을 갖고 한 걸음씩 나가는 사람들에게 좋은 결과가 주어지는 네트워크 마케팅 사업은 믿음이 없는 사람들은 결코 시작하지 못합니다.

2) 아브라함과 믿음

성경인물 중에 믿음의 대표적인 인물이 있습니다. 바로 '아브라함'입니다. 중동지역에서 우상을 만드는 아버지와 함께 살던 아브라함은 손자를 볼 나이가 지났는데도 자식이 하나도 없었습니다. 물려줄 재산이 많아도 유업을 이을 자녀가 없었기 때문에 그의 삶은 어딘가 모르게 허전한 구석이 있었습니다.

하루는 하나님께서 이런 처지에 놓인 아브라함에게 나타

나셔서 그의 고향을 떠나 하나님께서 지시하시는 땅으로 가라고 명령하셨습니다. 그리고 그의 눈을 들어 동서남북을 바라보게 하신 후, 보이는 땅을 그와 그의 자손에게 줄 것이며 땅의 티끌만큼 헤아릴 수 없을 정도로 많은 자손을 주시겠다고 약속하셨습니다.

그 후 그에게 다시 나타나셔서 밤 하늘의 별을 헤아리라고 하셨습니다.

"별 하나 나 하나, 별 두울 나 둘……."

별을 헤아리는 아브라함에게 속삭이는 음성으로 하나님께서는 "밤 하늘의 별들처럼 많은 자식을 너에게 주겠노라" 하셨습니다.

자식이 하나도 없는 처지에 있던 아브라함에게 이런 하나님의 음성은 오히려 황당한 일이었습니다.

'열은 관두고라도 하나만 있었으면…….' 하는 심정이었을 그에게 하나님은 믿음의 법칙을 가르쳐 주셨습니다. 4천년 전 아브라함에게 가르쳐 주신 믿음의 법칙은 오늘날까지 수많은 믿음의 사람들을 배출시켰습니다.

네트워크 비즈니스는 바로 이 성경의 원리를 바탕으로 만든 마케팅 플랜입니다. 그래서 믿음의 법칙을 잘 알고 있는 신앙인들에게는 매우 유리한 비즈니스라고 할 수 있습니다. 아브라함이 하나님께 배운 믿음의 법칙을 소개하면 다음과 같습니다.

3) 비즈니스와 믿음의 법칙

제1법칙 분명한 목표를 마음 속에 그려라

하나님은 아브라함에게 그가 평생을 두고 얻기를 바라던 자식을 하늘에서 뚝딱 만들어 아브라함에게 던져 주시지는 않았습니다. 그에게 '믿음을 사용하는 법'을 알려 주고 난 후에, 그의 믿음을 따라서 바라는 바를 이루게 하셨습니다.

그 첫 번째 믿음의 방법은 하나님께서 헤아릴 수 없는 수많은 밤 하늘의 별들과 동서남북의 티끌들을 바라보게 하신 후, 아브라함의 마음 속에 새겨 넣은 일이었습니다. 아브라함 한 사람의 믿음으로 생겨날 수많은 자녀들, 즉 '휴먼 네트워크'를 마음 속에 그려 넣게 하신 것입니다.

그러므로 믿음의 첫 번째 법칙은 '믿음은 바라는 것들의 실상'이라는 의미를 따르는 것입니다.

즉, 믿음의 첫 단계는 구체적이고 명확한 목표를 뚜렷하게 마음 속에 그려 넣는 일입니다. 믿음이란 아직 발생하지 않은 것에 대한 바라는 바를 마음 속에 그려 넣는 일부터 시작됩니다. 분명한 목표를 마음 속에 그려 넣어야 하는 이유는 성공은 막연한 소원을 통해 우연히 이뤄진 적이 없기 때문입니다. 성공을 '이루고자 하는 일의 성취'라고 전제한다면, 성공한 사람들의 공통점은 하나같이 명확한 목표를 가지고 있었다는 점입니다.

네트워크 비즈니스 세계에서도 마찬가지입니다. 아직은 미미하지만, 거대한 휴먼 네트워크를 구축하여 네트워크 마케팅 사업에서 성공하는 모습을 마음 속에 그려 넣는 일부터 시작해야 합니다. 이 사업에서 성공한 사람들을 모델로 삼아 '나도 할 수 있다'는 믿음으로 출발해야 합니다.

전 미국 대통령 빌 클린턴은 고교시절 케네디와의 만남이 결손가정의 불우한 환경을 극복할 수 있는 계기가 됐습니다. 백악관에 초대되어 케네디 대통령과 악수를 나눈 장면이 신문에 크게 실렸는데, 클린턴은 그 사진을 평소에 마음에 새기고 대통령에 대한 꿈을 그렸습니다.

결국 그는 '자신도 대통령이 될 수 있다'는 믿음을 따라 제42대 미국 대통령이 되었습니다.

꿈을 이루는 성공의 큰 매력은 성공을 해서 큰 집을 산다든지 신분이 상승한다든지 하는 일 자체에 있는 것이 아니라, 그 과정을 통해 자기 자신과 자신의 삶이 완성되어 간다는 점에 있습니다.

제2법칙 불타는 열망을 가져라

꿈과 분명한 목표가 없으면 열정도 없고, 열정이 없으면 미래도 없습니다. '꿈이 없는 백성은 망한 백성이라'는 말을 바꾸어 생각해 보면, 꿈이 없는 절망은 삶의 열정을 주지 못하기 때문에 장래가 약속되어 있지 못하다는 말입니다.

죽은 사람의 몸이 열기가 없이 차디차게 식어있는 것처럼, 열망이 없는 사람은 정신적으로나 영적으로 죽은 사람입니다. 미래가 없는 절망 자체가 비극이요 불행입니다. 그러므로 목표가 설정되면 그 목표를 성취하기 위해서 불타오르는 열정을 가져야 합니다.

명확한 목표가 설정되면 그 목적을 달성하는 데 필요한 모든 정보를 모으고, 목표가 현실화될 때까지 우리의 마음은 온통 그 목표에만 집중하게 됩니다. 이것이 열정입니다. 목표를 달성하겠다는 불타는 열망은 성공에 가까이 다가서게 합니다. 뚜렷한 목표에 의해 지배를 받는 사람의 의식은 목표가 명확해질수록 열정이 생기고, 그 열정이 모든 의식과 무의식을 사로잡아서 목표를 향해 돌진하게 만듭니다.

창조주 하나님께서 사람을 만들 때 하나님의 형상대로 만드셨는데, 형상대로 만드셨다는 것은 '믿음과 소망과 사랑'의 하나님의 성품을 그대로 닮게 만드셨다는 의미로도 해석할 수 있습니다. 그러므로 사람은 태어날 때부터 믿음을 갖고 있습니다. 그런데 믿음은 3가지 종류가 있습니다. 본능적 믿음과 이성적 믿음 그리고 영적 믿음입니다.

본능적 믿음은 우리가 태어날 때부터 갖고 있는 믿음을 말합니다. 갓난아기가 엄마의 젖을 빠는 것은 그것을 먹으면 살 수 있다는 본능적 믿음 때문입니다. 누가 가르쳐 줘서 그렇게 하는 것이 아닙니다.

그런데 사람이 자라면서 교육을 받게 되면, 경험과 학습으로 얻은 이성적 믿음을 갖게 됩니다. 병이 나면 병원에 가서 의사에게 우리의 몸을 맡길 수 있는 일은 이성적 믿음 때문입니다. 심지어 우리 몸을 가르기 위해서 칼을 대도 의사를 믿고 몸을 맡깁니다. 이런 일은 배워서 알게 된 이성적 믿음입니다.

그리고 마지막으로 영적 믿음이 있는데, 이 믿음은 사람의 본능이나 합리적인 사고로 파악할 수 없는 믿음입니다. 영적인 믿음이 없는 사람은 본능과 이성으로만 믿으려고 하기 때문에 의심과 오해의 소지가 많은 것이 바로 영적인 믿음입니다.

이런 영적인 믿음은 가르쳐 준다고 해서 가질 수 있는 것이 아닙니다. 이 세상의 모든 환경은 오감을 통해서 알 수 있기 때문에, 보이지 않는 영적 세계에 대해서 믿음을 갖는다는 일은 아주 어려운 일이기도 합니다.

그런데 네트워크 비즈니스 세계는 본능적이거나 이성적인 믿음보다는 영적인 믿음을 소유한 사람들이 쉽게 다가서는 것을 보게 됩니다.

그 이유는 네트워크 비즈니스 특성상 영적인 믿음의 세계처럼, 아직 보이지 않는 미래의 성공을 꿈꾸며 믿음을 키워 나가야 하기 때문입니다. '믿음은 바라는 것들의 실상이요 보지 못하는 것들의 증거니'라고 성경에 기록된 것처럼 영적인 믿음은 아직 나타나지 않은 것들의 실체를 향해 열망하면서 나가는 것입니다.

뜨거운 열망은 본능적이거나 이성적인 믿음보다도 영적인 믿음을 소유할 때 발생합니다. 또한 아직은 이뤄지지 않았으나 보이지 않는 것을 이루겠다는 집중력은 불타오르는 열망을 낳습니다. 불타오르는 열망을 갖도록 하기 위해서는 이미 성공한 사람들을 모델로 삼아야 합니다. '믿음은 들음에서 난다'는 말씀처럼, 성공을 향해 전진하는 열정을 지속적으로 품기 위해서는 날마다 규칙적으로 성공한 사람들의 성취보고를 통해 동기부여를 받아야 합니다.

제3법칙 확신을 얻도록 기도하라

때때로 사람들이 품었던 열정이 식는 것은 믿음에 대한 확신을 갖고 있지 못해서입니다. 불타오르던 열망도 하루 아침에 식어서 냉랭한 상태가 되는 것은 그 열망이 확고한 믿음의 단계까지 이르지 못했기 때문입니다.

그 열기가 계속 타올라 흔들림 없이 목표를 향해 돌진하도록 하기 위해서는 연료공급이 필요합니다. 그 연료는 바로 기도입니다. 기도를 하면 바라는 것들이 진정으로 자신이 간절히 원하고 있는 것인지 아닌지를 확인하게 됩니다.

'믿음은 바라는 것들의 실상이요 보지 못하는 것들의 증거니'의 성경말씀에서의 '증거'라는 단어의 본래 성경원어 뜻은 '법적 증거'라는 것입니다.

다시 말해 믿음은 확고부동한 증표가 있어야 한다는 뜻으로, 그 증표를 얻을 때까지 기도해야 합니다. 확실한 증표를 받지 못한 믿음은 실패합니다. 믿음의 제 2법칙인 '불타오르는 열망'은 성공한 사람들을 벤치마킹할 때 생기지만, 믿음의 제 3법칙인 '확신'은 우리가 우리 스스로에게 동기부여를 할 수 있을 때 생기는 것입니다.

다시 말해, 타오르는 열망은 다른 사람들이 우리에게 동기부여를 해 주었기에 발생하지만, 확신은 우리 스스로가 동기부여를 할 수 있을 때 이루게 됩니다. 어느 순간 다른 사람들에 의해 동기부여를 받지 않아도 우리 스스로 동기부여를 할 수 있는 단계에 이르게 되는데, 이는 자기 확신이 생겼기 때문입니다.

때때로 사람들은 조급함 때문에 인내하지 못하고, 서둘러 일을 추진하다가 장애에 부딪치면 쉽게 포기합니다. 그러나 기도를 통해 얻은 확신은 장애물이 앞에 놓인다 할지라도 그 장애물을 디딤돌로 삼아 목표를 향해 정진하게 합니다. 장애와 방해에 부딪쳐도 흔들림 없이 전진할 수 있는 것은 확신에 의한 자신감 때문입니다.

이런 자신감 넘치는 확신은 우리 자신의 내면과 대화할 수 있는 기도시간을 갖는 사람들에게 주어집니다.

그러므로 확신을 갖기 위해서는 기도의 능력에 대해서 잘 알아야 합니다. 구약시대는 하나님께서 기도할 수 있는 특정한 장소를 마련해 놓으시고 정해 놓은 시간 안에서만 제사장이나 모세와 같은 특정적인 하나님의 사람들만을 만나 주셨습니다. 특별히 하나님께서 임재를 하셔야만 기도가 가능했습니다.

그리고 예수님 시대는 하나님의 사람들 곁에 직접 계셔서 그들을 만나 주셨습니다. 곧 곁에 계신 임마누엘 하나님이 되셨습니다. 그런데 그리스도께서 부활하시고 승천하신 이후부터는, 약속하신 성령께서 직접 하나님의 사람들 마음 속 안으로 들어오셔서 우리 마음을 기도의 장소로 만드시고 친히 우리를 만나 주십니다.

그러므로 기도는 우리 자신 안에 이미 계신 하나님과의 만남을 경험하는 것입니다. 이처럼 내 안에 계신 하나님께로부터 확신을 얻기까지 기도해야 합니다. 기도를 통해 확신을 얻게 되면 곧 하나님의 결재사인을 받은 것이 됩니다. 곧 '하나님 나라의 법적 확인'을 받은 것입니다.

회사의 최고 의사결정자는 사장인 것과, 법률의 최고 의사결정권자가 판사인 것처럼 세상에서 되어지는 모든 일의 최고 결정권자가 하나님이시기 때문에, 기도를 통해 그분에게 확인을 받게 되면 열망하는 소원이 그대로 이뤄지게 되는 것입니다.

제 4 법칙 믿음으로 선포하라

기도를 통해 확신이 생기면 곧바로 믿음의 선포를 하는 일이 마지막 믿음의 단계입니다.

> "내가 진실로 너희에게 이르노니 누구든지 이 산더러 들리어 바다에 던지우라 하며 그 말하는 것이 이룰 줄 믿고 마음에 의심치 아니하면 그대로 되리라 그러므로 내가 너희에게 말하노니 무엇이든지 기도하고 구하는 것은 받은 줄로 믿으라 그리하면 너희에게 그대로 되리라"(마가복음 11:23-24)

영적인 믿음은 생성, 발달, 성숙의 단계를 거쳐 자라납니다. 그런데 믿음의 과정에서 가장 핵심적인 요소는 '믿음으로 선포하는 일', 즉 '믿음으로 앞으로 이뤄지길 바라는 일에 대해서 이뤄진 것처럼 시인하는 것'입니다.

우리의 언어는 창조적인 능력과 파괴력을 동시에 갖고 있습니다. 하나님께서 우주만물을 말씀으로 창조하신 것처럼, 우리의 언어는 우리 자신과 우리의 환경에 지대한 영향을 끼치게 합니다. 사실 우리 몸에 있는 뇌 속의 언어 중추신경은 다른 모든 신경을 지배합니다. 그러므로 언어 중추 신경이 원하는 방향으로 우리의 신체를 조절할 수 있습니다.

만약 어떤 사람이 '난 점점 병들고 있나 봐' 하고 계속 말하면, 당장 모든 신경들이 그 메시지를 받아서, 모든 지체들에게 중앙센터에서 약해지라고 명령이 왔으니까 그렇게 되도록 지시를 합니다. 결국 신체적 상태가 약화돼서 병들게 됩니다. 또 어떤 사람이 '난 틀렸어. 하는 일마다 되는 일이 하나도 없어. 그러니 이 일도 할 수가 없을 거야'라고 시인하면, 당장에 모든 신경들은 발휘할 수 있는 모든 재능과 능력을 중단하고 스스로 무능한 사람이 되는 것입니다.

'세 사람이 친구 하나 바보 만드는 것은 시간문제'라는 말이 있습니다.

어떤 사람에게 친구 한 사람이 심각하게 '자네 아무래도 피곤해 보여. 어제 혹시 무리했나 보지' 하고 말하면, 멀쩡하던 사람도 처음에는 대수롭지 않게 '그렇게 보여?' 하고 반응하다가도, 두 번째 친구가 이어서 '정말 그런 것 같은데 혹시 어디 아픈 거 아냐?' 하면, 혹시 그런가 하고 생각을 하게 되고, 마지막 세 번째 친구마저 '그래, 자네 몸에 병이 생긴 것 같아'라고 말해 버리면, 이 사람은 심각하게 자신에게 병이 생긴 것이 아닌가 생각하면서 팔다리에 힘이 쭉 빠지는 것을 느끼게 될 것입니다. 이처럼 사람의 언어가 멀쩡한 사람을 잡는 것은 일도 아닙니다.

그러므로 부정적인 언어를 버리고, 창조이고 긍정적인 언어를 사용해야 합니다. 우리의 현재 모습은 언어습관의 영향을 가장 크게 받으며, 사람들은 좋지 않은 환경을 바꿔 보려고 노력을 합니다. 그렇지만 우리 자신이 달라지지 않으면 환경도 바뀌지 않습니다. 혹시 환경이 좋게 바뀐다 할지라도 우리가 변화되어 있지 않으면 그 환경을 제대로 사용할 수 없게 됩니다.

그래서 먼저 우리가 변화돼야 하는데, 우리를 변화시키는 것은 바로 '언어의 변화'입니다. 언어가 달라져야 우리가 변합니다. 온갖 부정적인 언어를 버리고 새로운 언어를 사용해야 합니다. 부정적인 언어는 우리를 파괴할 뿐이지만, 창조적인 언어는 우리를 새롭게 변화시킵니다. 건설적이고, 진취적이고, 생산적이고, 승리적인 말로 우리의 언어를 가득 채워야 합니다.

'난 할 수 있다', '난 승리자다', '난 성공하는 사람이다'라고 외치면 우리의 몸이 능력을 발휘하도록 움직이고, 자신감 넘치는 열정이 환경을 지배하고 바라는 것을 성취하게 되는 것입니다.

이처럼 하나님께서는 아브라함에게 믿음의 법칙을 따라서 살게 하셨습니다. 밤 하늘의 별처럼 그리고 동서남북의 티끌처럼 많은 자녀를 주시겠다고 확신을 주신 하나님께서는 원래 아브라함의 이름이었던 '아브람'을 '아브라함'(열국의 아버지)으로, '사래'를 '사라'(열국의 어머니)로 바꿔 부르게 하셨습니다.

아침에 눈을 뜨자마자, 아브라함은 자신의 아내를 바라보며, '열국의 어머니, 사라' 하면서 다정스럽게 불렀을 것이며, 사라는 식사 때마다 일을 하고 있던 남편을 부르면서 '열국의 아버지, 아브라함' 하면서 식탁으로 초대했을 것입니다. 당장 그들에게는 자녀가 한 명도 없었지만, 이미 이룰 줄 믿고 서로에게 믿음의 시인을 선포한 것입니다.

믿음의 선포에 따라 아브라함은 백 세에 아들 이삭을 낳았고, 이삭이 야곱을 낳고, 야곱이 열두 아들을 낳아 이스라엘의 열두지파를 이루고 결국 큰 민족을 일으키게 된 것입니다.

네트워크 비즈니스도 마찬가지입니다. 아직 만나지 못한 잠재력 있는 사업가를 마음 속에 그리면서 열정과 확신을 갖고 믿음으로 선포를 하면, 파트너 사업가를 찾을 수 있는 능력이 생기게 되고, 사업을 크게 펼칠 수 있는 그런 기회가 찾아오게 되는 것입니다.

그러므로 네트워크 비즈니스는 처음부터 믿음의 사업이라는 점을 간과해서는 안 됩니다.

4) 믿음의 여정

아브라함의 성공은 그가 하나님께로부터 배운 4가지 믿음의 법칙을 그의 삶에 잘 적용했기 때문에 가능했습니다.

> "믿음이 없이는 기쁘시게 못하나니 하나님께 나아가는 자는 반드시 그가 계신 것과 또한 그가 자기를 찾는 자들에게 상 주시는 이심을 믿어야 할지니라"(히브리서 11:6)

마찬가지로 크리스천 사업가들이 믿음의 법칙을 다 배웠다고 일사천리로 성공하는 것은 아닙니다. 자신의 삶에 믿음의 법칙을 제대로 적용할 때 성공에 근접하게 됩니다. 그러므로 이 믿음의 법칙에 따라 믿음의 여정을 하나씩 밟아 나가야 합니다. 아브라함의 '믿음의 여정'을 조명해 보면, 그가 5개의 관문을 통과한 것을 알 수 있습니다.

즉, 믿음의 법칙으로 살아간 아브라함의 삶은 5가지 전환점을 가진 '믿음의 여정 곡선'으로 표현할 수 있습니다. 첫 번째 전환점은 하나님과의 만남을 통해 생긴 '비전'이고, 두 번째 전환점은 믿음의 삶을 살기로 한 '결단'이고, 세 번째 전환점은 불신앙의 습관을 버리고 믿음의 법칙을 익히는 데 걸리는 '지연'이고, 네 번째 전환점은 믿음의 클라이맥스인 '위기' 순간이고, 마지막 종착점은 '성취'입니다. 이 믿음의 여정 곡선은 마치 한 마리 새가 창공을 향해 날기 위해서 둥지를 떠나 처녀비행을 시작하는 과정과 흡사합니다.

많은 사람들은 시간이 지남에 따라 저절로 믿음이 성장하는 줄 알고 있지만, 믿음의 법칙을 알았다고 해서 금방 만사가 형통하게 되는 것은 아닙니다. 믿음의 법칙을 삶에 적용하더라도 마땅히 거쳐야 할 과정이 있습니다. 그 5가지 관문을 믿음의 조상 아브라함의 인생여정을 따라 살펴보도록 하겠습니다.

믿음의 여정

게이트 1. 비전

하나님께서 택하신 사람을 만나면 제일 먼저 하시는 일은 그 사람에게 비전을 주시는 일이십니다. 아브라함을 만난 하나님께서는 그에게 모든 민족의 믿음의 모델이 될 것이라는 비전과 함께 다른 사람들에게 축복의 통로가 될 것에 대한 사명을 주셨습니다.

아브라함이 하나님을 만난 일이 있은 후로부터 그는 우상을 만드는 사람이 아닌 가치 있는 사람으로 변화되었습니다. 비전과 사명 그리고 가치의 변화는 함께 발생합니다. 가치 있는 사람이 되면 이행할 사명이 생기고, 그 사명을 통해 이룰 비전을 품게 됩니다.

네트워크 비즈니스를 만난 크리스천들의 공통점은 이 사업을 통해 이룰 하나님의 일을 발견한다는 점입니다. 선교사명이라든지, 구제사업이라든지, 선하고 위대한 일이라든지, 하나님의 영광을 위해서 자신들이 할 일들이 무엇인가를 먼저 생각해 냅니다.

믿지 않는 사람들의 비전은 자신의 윤택한 삶이나 자녀들에게 넉넉한 부모로 비춰지길 원하는 자긍심이나 가족만을 위한 윤택한 라이프스타일이 전부일지 모르지만, 믿음의 사람들은 그런 삶뿐만 아니라 하나님께서 기뻐하시는 일을 향해 진일보합니다.

비전의 나래를 활짝 펴고 나무둥지를 떠나기 위해서 첫 동작의 날갯짓을 하게 됩니다.

믿음의 여정
게이트 2. 결단

비전을 발견한 사람은 그 일을 이루기 위해서 결단이 필요한데, 야구선수가 1루를 떠나지 않고 2루에 도달할 수 없는 것처럼, 비전을 이룰 수 있는 자리로 나가는 결단이 필요합니다. 둥지를 떠나지 않고는 창공을 향해 날 수 없듯이, 아브라함이 믿음의 조상이 되기 위해서는 불신앙의 도시인 우상을 만들던 고향을 뒤로 하지 않고는 절대로 그 비전을 이룰 수가 없었습니다.

그래서 하나님께서는 아브라함에게 정들었던 일터와 친구들 그리고 일가친척들을 모두 떠나도록 한 것입니다.

이것이 두 번째 관문인 결단인 것입니다.

네트워크 비즈니스도 마찬가지입니다. 그 동안의 구태의연한 습관들을 벗어버리려는 결단이 서지 않고는 이 사업을 제대로 펼쳐나갈 수가 없습니다. 건강한 대인관계, 독서

습관, 정직과 부지런함, 긍정적인 사고, 창조적인 언어습관을 배울 수 있는 공동체로 나가지 않으면 안 됩니다.

이 사업은 돈을 버는 기술을 익히는 것이 필요한 것이 아니라, 건전한 사업을 펼치기 위한 정신적 자세를 구비해야 합니다. 이를 위해서 과거의 삶에서 벗어나야 한다는 결단이 필요합니다. 마치 신실한 신앙을 갖기 위해서 옛 습관들을 끊어버리려는 결단이 필요한 것과 같습니다.

믿음의 여정
게이트 3. 지연

결단의 관문을 통과하면 여지없이 기다리는 관문이 하나 있습니다. 바로 '지연'이라는 인내의 학교 정문입니다. 처녀비행을 시도하는 새가 둥지를 박차고 창공을 향해 몸을 던져보지만, 기대했던 창공이 아닌 바닥을 향해 곤두박질을 치는 장면이 연출됩니다.

결단의 관문을 지나 비전의 성취를 향해 믿음의 행보를 힘차게 내딛게 되지만, 꿈꾸던 비전의 반대방향으로 나가는 것을 발견하고 당혹스러움을 감추지 못하는 일이 발생

합니다.

이것이 바로 믿음의 세 번째 관문에서 직면하게 되는 지연의 시간입니다.

우리의 믿음이 언제나 모세의 지팡이처럼 한순간에 홍해 바다를 가르고 극적으로 이스라엘 민족을 구출해 내는 장면을 연출해 내는 것이 아닙니다. 믿음의 성취를 이룰 때까지 인내해야 할 시간들이 필요합니다. 아브라함이 아들 이삭을 얻기까지 걸린 시간은 결코 짧은 시간이 아니었습니다. 지연의 시간이 필요한 것은 믿음이 없던 과거로 되돌려 놓으려는 부정적인 생각과 좌절된 태도를 버리게 하는 훈련의 시간이 있어야 하기 때문입니다.

네트워크 비즈니스도 마찬가지입니다. 거대한 비전을 품고, 결단을 했어도 그 꿈을 이루기까지 만만치 않은 장애물들이 기다리고 있고, 이루고자 하는 비전과는 반대로 일이 뒤틀리고 꼬이고 실패하는 사건들이 수없이 발생하는 것을 보게 됩니다.

그러나 이런 시간들이 진정한 사업가로 만드는 소중한

시간들이라는 것을 잊지 말아야 합니다. 이 지연의 고비를 넘기지 못하면 사업도 실패하는 것입니다. 많은 사람들이 청운의 꿈을 품고 비상하려다가 이 관문을 통과하지 못해서 주저앉는 경우가 많습니다.

적어도 5년의 지연 시간이 필요하다는 생각으로 사업을 펼쳐나가야 합니다. 더러는 그 기간이 2년이 될 수도 있고, 7년이 될 수도 있습니다. 중요한 것은 어느 정도 인내의 시간이 걸린다는 계산을 사업일정에 포함시켜야 한다는 것입니다.

믿음의 여정

게이트 4. 위기

우리는 지연의 시간뿐만 아니라 모든 것을 한순간에 날릴 수 있는 결정적인 위기에 직면하기도 합니다.

아브라함은 지연의 시간을 잘 통과해서 학수고대하던 아들을 백 세 나이에 낳을 수가 있었습니다. 그러나 믿음의 유일한 후사로 여겼던 이삭이 소년이 되자, 하나님께서 아브

> "기록된 바 내가 너를 많은 민족의 조상으로 세웠다 하심과 같으니 그의 믿은 바 하나님은 죽은 자를 살리시며 없는 것을 있는 것같이 부르시는 이시니라" (로마서 4:17)

라함의 믿음을 시험하시려고 이삭을 제물로 바치라는 명령을 내리셨습니다. 아브라함에게 있어서 이보다도 더 결정적인 위기는 없었습니다. 이 때 아브라함은 아들을 제물로 삼아 모리아 산으로 가면서, 이 위기의 순간을 하나님을 향한 믿음의 고백으로 극복하였습니다.

바로 '그가 믿는 하나님께서는 죽은 자를 살리시고 없는 것을 있는 것같이 부르시는 창조주 하나님'이라는 믿음의 고백이었습니다. 그는 아들을 죽여서 제물로 드려도 하나님은 능력으로 아들을 되살려 주실 것이라고 믿었습니다.

왜냐하면 아브라함과 그의 아내가 이미 늙어 아들을 낳을 수 없게 되었을 때도, 하나님께서는 자신을 마치 아들이 있는 사람처럼 불러서 아들을 주셨기 때문에 하나님은 무슨 일이든지 하실 수 있는 분이라는 것을 믿고 있었기 때문입니다.

이처럼 아브라함은 하나님에 대한 확고한 믿음으로 절대적인 위기를 극복할 수 있었습니다. 아브라함에 대한 하나님의 시험은 믿음의 대상이 하나님이냐 말년에 준 아들이냐에 대한 시험이었습니다. 그런데 아브라함의 신앙은 분명했습니다. 신앙의 대상은 하나님이시고, 아들은 하나님의 축복의 선물로서 하나님의 뜻을 이루고자 하는 대상이라는 것입니다.

네트워크 비즈니스도 마찬가지입니다. 지연의 시간을 잘 통과해서 꿈을 이루고 사업이 승승장구하면서 확장의 발판을 마련하는 순간, 갑자기 위기의 순간이 닥칠 때가 있습니다. 잘 구축된 휴먼 네트워크가 갑자기 하루 아침에 붕괴될 수도 있습니다. 환경적 요인들이 사업에 불리하게 작용할 때도 있습니다. 그러나 이 때, 처음 시작할 때 품었던 사업의 동기와 원칙들을 망각하지 말고, 그 위기를 믿음의 고백으로 잘 극복해야 합니다. 위기가 기회가 될 수 있다는 믿음의 자세로 대처해야 합니다.

한 전투에서 소년 다윗이 이스라엘 장수들이 기피하던 거인 골리앗에 맞서서 그의 특기였던 돌팔매질로 단숨에 쓰러뜨릴 수 있었던 것은, 다윗의 위기관리 능력 때문이었습니다. 그는 적의 덩치가 크다고 해서 겁을 먹을 것이 아니라, 그 만큼 면적이 더 넓으니 돌로 맞힐 확률이 더 많다는 생각을 품었던 것입니다. 다윗처럼 문제를 기회로 삼는 긍정적인 사고는 어려움을 잘 통과하게 합니다.

믿음의 여정

게이트 5. 성취

믿음의 여러 관문을 통과한 사람에게 마지막으로 주어지는 것이 바로 꿈꾸어 오던 소원을 이루는 것입니다.

성취는 그 동안 하나님과 동행한 삶의 결실이며, 믿음의 보상입니다. 믿음을 따라서 살다보면 보상이 주어집니다. 믿음의 사람은 값진 것들을 누릴 특권이 있습니다. 그 특권이 바로 성취입니다. 성취는 자신감을 주고, 행복감을 줍니다. 바라던 일을 이룬 그 자체보다도 더욱 빛나는 것은 믿음의 관문들을 통과하면서 자신을 성숙시켰다는 점입니다.

믿음의 진정한 보상은 바로 믿음의 관문들을 통과하면서 자신이 큰 사람이 되었다는 것을 발견하는 일입니다.

그 다음으로 필요한 것은 성숙된 모습으로 믿음의 관문을 통과하면서 얻은 믿음의 노하우를 다른 사람들과 나누는 삶을 사는 것입니다.

즉, 축복의 파이프라인이 되라는 말입니다. 우리는 믿음을 통해 믿음의 분량대로 축복의 저수지를 만들 수 있습니다. 동시에 그 저수지에 모인 축복의 생수를 나눌 파이프라인을 만드는 일을 잊어서는 안 됩니다.

네트워크 비즈니스 세계에서 크게 성공한 사람들 중에는 선교지에 엄청난 물질후원과 선교지원을 아끼지 않고 있는 사람들을 찾아볼 수 있습니다. 또한 '오른손이 한 일을 왼손이 모르게 하라'는 성경 구절처럼 명예도 바라지 않고 조용히 베푸는 삶을 실천하는 사람들이 많습니다.

성취가 더욱 값진 것이 될 수 있는 일은 그 성취를 함께 나누는 데 있습니다.

5) 믿음의 분량

네트워크 비즈니스 세계에 영향을 미치는 4차원 세계의 첫 번째 요소인 믿음은 우리 자신에게 사업에 대한 동기부여를 시키는 원동력이 됩니다.

모든 일은 우리 자신에게 달려 있습니다. 이 말은 우리의 믿음의 크기만큼 성공할 수 있다는 말입니다.

특히 네트워크 사업은 다른 사람에게 영향을 끼치려고 하기 전에 우리 스스로가 우리 자신에게 영향력을 끼쳐야 합니다. 사업 크기의 결정은 우리 믿음의 크기만큼 결정되므로, 사업에서 크게 성공하려는 만큼 우리의 믿음이 커야 합니다. 믿음의 대상이 얼마나 크냐가 중요한 것이 아니라, 우리 자신의 믿음의 분량이 얼마나 크냐가 중요합니다.

믿음의 대상인 하나님께서 아무리 크고 위대하셔도 우리

> "여호와 네 하나님이니 네 입을 넓게 열라 내가 채우리라" (시편 81:10)

가 믿는 만큼만 하나님을 알 수 있는 것처럼, 네트워크 비즈니스가 아무리 크고 놀라워도 우리의 믿음만큼만 얻을 수 있는 것입니다.

당신이 성공하기 원하는 사업의 크기는 당신이 갖고 있는 믿음의 분량만큼 결정이 됩니다. 그러므로 큰 믿음을 가지십시오.

2. 4차원 세계 2단계 – 소망

1) 소망의 사람이 네트워크 비즈니스를 끝까지 지속한다

소망의 사람은 어려운 과정 중에도 쉽게 포기하지 않습니다. 그들에겐 꿈이 있기 때문입니다.

소망이 있는 사람은 인내할 줄 아는 사람입니다. 네트워크 비즈니스는 5년 장기플랜으로 꿈을 갖고 시작하는 사업이므로 끈기와 인내가 필요합니다.

거액을 벌고 있는 성공한 사람들을 보고 한순간에 그들

처럼 되려고 달려드는 사람들은 1년도 안 되어 포기하는 경우가 많습니다. 과수원에 배나무나 사과나무를 심어서 2, 3년 정도 나무가 성장하기를 기다렸다가 4, 5년 후부터 수확하기 시작하는 과일나무와 같은 사업입니다.

그런데 씨를 뿌려 몇 주내로 야채를 거두듯 사업을 하는 사람들도 있습니다. 그러나 이 사업은 소망을 갖고 농사를 시작한 농부의 인내가 필요한 사업이기 때문에, 확실한 소망을 이루기 위해서 구체적인 계획을 갖고 있는 사람만이 네트워크 비즈니스 세계에 끝까지 남아서 성공을 거두게 됩니다.

풍성한 과실을 거둘 수 있다는 소망이 있기에 갖은 고생 속에서도 인내를 하는 농부처럼, 네트워크 비즈니스에 대한 커다란 소망이 있는 사람은 성공에 이르기까지 지불해야 할 인내의 대가를 모두 치루고 결실을 얻게 됩니다.

어떤 주부는 남편이 벌어다 주는 월급 말고도 백만 원 정도 추가수입이 있으면 친정부모 용돈과 자녀양육에 커다란 보탬이 되겠다는 소박한 소망을 갖고 이 사업을 시작했다고 합니다.

작은 소망이었지만 그 소망이 소중한 것이기에 꿈을 이루려고 갖은 어려움과 포기의 유혹을 뒤로 하고 인내한 끝에 목표하던 수입의 열 배인 월 천만 원 이상 수입을 올리는 부자가 된 경우도 있습니다.

이처럼 소망을 따라 사는 사람들이 인내의 대가를 다 지불하고 결실을 거두게 됩니다.

2) 요셉과 소망

성경인물 중에 소망의 사람을 손꼽으라면 요셉을 빼놓을 수가 없습니다. 믿음의 원조 아브라함의 손자인 야곱의 아들로서 각고 끝에 이집트의 국무총리가 된 인물입니다.

어렸을 때부터 신비한 꿈을 잘 꾸었던 요셉은 형들과 심지어 아버지까지 그에게 절을 하는 꿈을 꾼 일 때문에, 형들의 감정을 건들어서 미움을 사고 있었습니다.

설상가상으로, 요셉에 대한 아버지 야곱의 편애는 형들

과의 골 깊은 갈등의 상처에 마치 소금을 뿌리는 것과 같았습니다. 그러던 어느 날 요셉이 아버지의 심부름으로 집에서 멀리 떨어진 형들이 일하는 곳에 갔다가, 호시탐탐 요셉을 제거하려던 형들의 손에 의해 이집트에 노예로 팔려가게 되었습니다. 형들의 배신으로 집을 잃고 노예생활까지 하게 된 소년 요셉에게 이 일은 큰 충격이 아닐 수 없었습니다.

게다가 이집트로 노예로 잡혀간 이후 성실하게 일하던 보디발의 집에서, 그의 아내의 유혹을 물리치다가 누명을 쓰고 감옥에 갇히는 사건은 요셉의 인생을 더욱 어렵게 만들었습니다.

억울하게 감옥생활을 하게 된 요셉은 수감된 왕의 관원인 두 사람의 꿈 해몽을 통해 출감의 기회를 잡았지만, 요셉의 도움을 받고도 그 은혜를 잊어버린 관원의 무관심으로 조기출감은 물거품이 돼 버리게 됩니다. 그러나 어느 날 억울하게 인생을 소모하던 요셉에게 기회가 찾아왔습니다. 왕의 신비한 꿈을 해석하라는 왕명으로 인해 이집트 방방

곳곳은 떠들썩하게 되었고, 그 때 요셉의 도움을 받았던 관원이 요셉을 생각해 내어 그를 왕에게 추천하게 됩니다. 그 누구도 왕의 꿈을 제대로 해석하지 못하던 터에, 요셉의 꿈에 대한 해석은 왕의 신뢰를 한 몸에 받게 하였고, 요셉은 이집트의 2인자의 자리에 오르게 됩니다.

그 후 세월이 지나 요셉에게 형들을 만날 수 있는 기회가 찾아오게 되었는데, 자신을 팔아넘긴 형들에게 요셉은 그 동안의 모든 일들이 자신의 가족들과 여러 국가를 구원하기 위한 하나님의 섭리였다는 것을 고백하면서 형들을 용서하게 됩니다.

이와 같은 우여곡절의 삶 가운데, 만약 요셉에게 꿈이 없었다면 아마도 그는 여전히 노예생활 중이거나 감옥생활 중에 스스로 좌절하고 목숨을 끊었을 지도 모릅니다.

어린 요셉에게 꿈은 있었으나 그 과정이 평탄한 것만은 아니었습니다. 그러나 그는 포기할 수 없는 소망이 있었기에 이 모든 어려움들을 극복할 수가 있었습니다.

모든 어려움을 통과한 후에 얻은 요셉의 신분상승은 형

들에게 제대로 복수를 할 수 있는 기회를 주었습니다. 그럼에도 불구하고 그는 형들의 시기와 질투를 사랑으로 대신 갚아 주었습니다. 이런 요셉 앞에 무릎을 꿇고만 형들의 모습은 어린 시절 요셉이 꿈을 꾸었던 장면이었던 것입니다.

이처럼 소망이 있는 사람은 상처나 역경 가운데서도 건강한 사고의 틀을 지니고 있습니다. 소망이 있는 사람은 역경과 악조건의 환경에 넘어져서 불평하는 대신에 그 장애물들을 기회의 발판으로 삼아 환경을 바꿔 놓습니다.

네트워크 비즈니스도 마찬가지입니다. 소망의 인내가 필요한 사업입니다. 앞에서 언급한 것처럼 믿음이 사업에 대한 동기부여를 주어 사업을 시작하게 만든다면, 소망은 사업을 지속시켜 사업의 깊이를 알게 합니다.

소망을 따라 인내하는 동안 사업의 의미와 철학, 그리고 깊이를 배우게 됩니다. 사업을 시작하는 것도 중요하지만, 사업을 지속시키는 힘도 필요합니다. 그 에너지가 바로 소망입니다.

3) 소망이 있는 사람

소망이 있는 사람들의 삶을 살펴보면 그 생애가 결코 순탄치 않았지만 꿋꿋하게 헤쳐나간 모습에 경의를 표하게 됩니다. 힐튼의 생애를 보면 그가 소망의 사람이었다는 것을 알 수가 있습니다.

현재 힐튼호텔 그룹은 50개국이 넘는 곳에 500개가 넘는 호텔을 갖고 있는 호텔 대기업입니다. 창업주 콘래드 힐튼은 꿈의 사람이었습니다. 1930년대 미국 대공황이 경제를 어렵게 만들었을 때, 여행객이 줄어 호텔은 적자를 면치 못했습니다. 그러자 주위에선 파산을 선언하고 호텔을 정리하라고 권유했지만, 일평생 모은 돈을 선뜻 그 앞에 내놓은 한 직원의 격려와 경쟁상대의 도움으로 극복하기 힘든 상황을 딛고 일어섰습니다. 힐튼은 대공황의 먹구름 속에서도 꿈을 접지 않고 축복의 무지개를 따라 성공한 사람입니다.

대공황이 지나고, 2차 세계대전 직후 그는 세계평화를 위해서 간절히 기도한 후에 호텔 사업의 세계화를 추진하였습니다.

그런 그는 자신의 꿈을 이렇게 이야기하곤 했습니다.

"나는 내 꿈을 한없이 펼치고 싶었습니다. 세계 곳곳에 호텔을 세운다는 것은 아주 힘든 일이었습니다. 그러나 기업들이 국경을 넘어가지 않는다면 군대가 국경을 넘어갈 것입니다."

그는 세계 각처의 사람들이 힐튼호텔에 모여 서로 마음을 터놓고 대화하고 함께 일하는 그런 꿈을 꾸었습니다. 60대의 나이에 모든 것을 잃고 점심 끼니를 걱정하던 시절과, 대공황의 위협과 2차 세계대전의 소용돌이 속에서도 뜻을 굽히지 않고 살아남았던 그는 드디어 82세에 꿈꾸던 힐튼호텔 체인본부를 만들어 냈습니다.

그런 그가 우리에게 이렇게 말합니다.

"비전이 클수록 경쟁자는 줄어듭니다. 더 큰 비전을 가지십시오. 열정이 없으면 권태와 실패가 찾아옵니다. 더 큰 열정을 가지십시오. 많이 얻는 자가 아니라 많이 나누어 주는 자가 진정한 성공자입니다. 많이 나누어 주기 위해서 버십시오."

이처럼 소망의 사람들은 쉽게 꿈을 포기하지 않고 역경을 뚫고 지나가는 파워를 소유한 사람들입니다.

4) 소망을 품은 사람들의 파워

소망의 사람들은 어려움과 좌절을 극복하는 파워를 지니고 있습니다. 그 힘은 바로 인내력의 파워, 집중력의 파워, 상상력의 파워라고 할 수 있는데, 그 파워들은 소망을 이끄는 에너지가 됩니다.

그 에너지로 충전한 사람들의 생애를 살펴보면, 우리에게 시사하는 바가 큽니다.

제 1 파워

인내력 파워

인내력으로 소망을 이룬 한 여성의 파워를 소개해 볼까 합니다.

다리를 다쳐서 신문사를 그만둔 미국의 한 여성이 소설을 쓰기 시작했습니다. 10년 동안

> "우리가 선을 행하되 낙심하지 말지니 피곤하지 아니하면 때가 이르매 거두리라"(갈라디아서 6:9)

심혈을 기울여서 쓴 소설의 원고가 완성되었을 때, 1천여 페이지나 되는 꽤 두툼한 장편이 됐습니다.

그녀는 소설원고를 들고 출판사를 찾아다녔습니다. 그러나 무명작가의 글을 선뜻 받아서 출판해 줄 곳은 없었습니다. 7년의 세월 동안 그녀를 알아주는 사람은 아무도 없었습니다. 그녀의 원고지는 너덜너덜해졌고, 무심한 세월만 흐르고 있었습니다.

그러던 어느 날 뉴욕의 어느 대형 출판사 사장이 그녀가 살고 있는 지역에 왔다가 기차로 되돌아간다는 소식을 접하게 되었습니다. 소식을 듣자마자 그녀는 원고를 들고 기차역으로 달려갔습니다. 가까스로 맥밀란 출판사의 레이슨 사장 손에 들어간 원고는 읽혀지지 않은 채 선반 위에 놓여졌습니다.

그 동안 수차례 거절을 당했던 그녀는 레이슨 사장도 원고를 거들떠보지 않을 거라고 짐작하고는 우체국으로 달려가 꼭 읽어달라는 전보를 띄웠습니다. 계속 세 차례나 전보를 띄운 그녀의 정성이 레이슨 사장의 마음을 움직였는지 억지로라도 그는 그녀의 원고를 읽기 시작했고, 원고에 푹 빠진 사장은 뉴욕에 도착하자마자 그 원고를 출판했습니다.

그렇게 세상에 책으로 나온 "바람과 함께 사라지다"는 6개월 만에 100만 부를 돌파했고, 그 후 27개 언어로 번역돼 1,600만 부가 팔렸습니다. 1939년에는 영화도 제작됐는데 1년 만에 2,500만 명의 관객을 동원했습니다. 이 소설의 저자가 바로 마거릿 미첼입니다.

그녀가 끝까지 인내하지 않았다면 그 소설도, 그 영화도 빛을 볼 수 없었을 것입니다. 그녀는 소설을 쓰는 데 10년을 인내했고, 원고를 출간하는 데 7년이 걸렸습니다. 소망을 잃지 않는 사람은 인내력의 파워를 지니고 있습니다. 인내는 무명기업을 유명기업으로 만들고, 무명작가를 유명작가로 만듭니다. 또한 인내는 성공적인 사업가로 만듭니다.

특히 크리스천에게 인내는 성령의 열매이기도 합니다. 인내가 없이는 아무 열매도 거둘 수가 없습니다. 소망의 사람은 인내의 파워가 넘칩니다.

제 2 파워

집중력 파워

사업에 숙련된 사람은 집중력을 갖고 언제나 기술을 익힙니다. 소망을 갖고 열심히 배우고 연구하는 사람들의 공통점은 집중력이 탁월하다는 점입니다. 결국 이런 사람이 전문가가 되어, 언제 어디서나 사람들에게 귀한 대접을 받게 됩니다.

집중력이 대단했던 한 청년을 소개해 볼까 합니다.

세계 최대 인터넷 경매업체인 미국의 이베이의 창업자인 피에르 오미디아르는 30대 나이로 창업 3년 만에 자산규모

> "네가 자기 사업에 근실한 사람을 보았느냐 이러한 사람은 왕 앞에 설 것이요 천한 자 앞에 서지 아니하리라"(잠언 22:29)

61억불의 벼락부자가 됐습니다. 수줍은 성격에 언어능력도 떨어지고, 내성적인 그는 12살 때 프랑스에서 미국으로 이민을 갔습니다. 친구도 없던 그에게 중고 컴퓨터가 유일한 벗이었습니다. 그런 그는 미친 듯이 컴퓨터에 집중했습니다.

대학 학창시절까지 평범한 학생이었지만, 하나의 주제에 매달리면 그 집중력은 대단했습니다. 대학을 졸업하고 이베이를 창업했으나 초창기 한 건의 실적도 없었기 때문에 임대료와 생활비를 벌기 위해서 별도로 아르바이트를 해야만 했습니다.

그러나 그는 자기 사업을 포기하지 않고 웹 사이트 운영

체제를 계속 개선해 나갔습니다. 그 결과 인터넷 경매건수가 폭발적으로 늘게 되었고, 2001년에는 한국 전자상거래의 간판인 옥션을 인수하기도 했습니다.

그는 여전히 1평 남짓한 사무실에서 개인비서도 없이 회장직을 수행하고 있다는데, 그의 성공비결은 틈새시장에 집중력의 파워를 갖고 매진했다는 점입니다.

제 3 파워
상상력 파워

소망은 아직 이뤄지지 않은 꿈에 대한 상상력입니다. 때로는 한 사람의 상상력이 수많은 사람들의 삶의 지렛대가 되기도 합니다.

미국에서 손꼽히는 명문 아머 공과대학은 '갠솔러스'라는 젊은 목사의 상상력에서 탄생했습니다. 어느 날 그 젊은 목사는 '100만 달러가 있다면, 내가 하고 싶은 일!' 이라는 제목으로 설교하겠다고 여러 신문에 광고를 냈습니다. 육류 포장 사업으로 갑부가 된 필립 아머가 그 광고를 보고 목사의 설교를 한번 들어보기로 결심했습니다.

> "믿음으로 사라 자신도 나이 늙어 단산하였으나 잉태하는 힘을 얻었으니 이는 약속하신 이를 미쁘신 줄 앎이라 이러므로 죽은 자와 방불한 한 사람으로 말미암아 하늘에 허다한 별과 또 해변의 무수한 모래와 같이 많이 생육하였느니라" (히브리서 11:11-12)

설교 당일, 갠솔러스 목사는 설교를 통해 젊은이들에게 삶에 적용할 수 있는 사고력과 정신력을 길러 주어, 성공적인 인생을 살 수 있도록 교육해 줄 수 있는 대학을 설립하는 것이 그의 꿈이라고 강조했습니다. 그래서 만약 100만 달러가 있다면, 그런 학교를 세우고 싶다고 설교했습니다.

설교가 끝나자 아머는 목사에게 다가가 자기소개를 하고, 그 꿈을 성취할 수 있다고 격려한 후, 다음 날 자기 사무실로 오면 필요한 100만 달러를 주겠다고 약속했습니다. 이것이 미국 아머 대학의 설립배경입니다.

미래는 이루고자 하는 꿈의 상상력을 가진 자의 것입니

다. 갠솔러스의 꿈은 독지가를 만나 공과대학을 설립하는 것이었고, 그의 목표는 교육 시스템을 통해 젊은이들이 성공적인 삶을 살 수 있도록 하는 것이었습니다. 그는 젊은이들이 성공적인 삶의 목표를 이루도록 하기 위해서 대학설립의 꿈을 가졌던 것입니다. 이처럼 소망은 상상력을 통해 활동합니다.

5) 소망은 소명의 지렛대

소망은 자신의 꿈을 이루는 것에서 출발하지만 결국 그 꿈은 이웃을 향한 것이 될 때 더욱 가치 있는 일이 됩니다. 네트워크 비즈니스를 통해서 우리는 우리의 소망이 자신만을 위한 것에 국한되지 않고 우리 주위에 있는 우리의 이웃을 위해서 전개된다는 것을 알아야 합니다.

우리 자신의 소망을 이루고자 출발한 이 사업은 사업이 확장되면 될수록 이 사업을 선택하게 하신 하나님의 소명을 발견하게 됩니다.

> "대답하여 가로되 네 마음을 다하며 목숨을 다하며 힘을 다하며 뜻을 다하여 주 너의 하나님을 사랑하고 또한 네 이웃을 네 몸과 같이 사랑하라 하였나이다. 예수께서 이르시되 네 대답이 옳도다. 이를 행하라 그러면 살리라 하시니"
> (누가복음 10:27-28)

하나님께서는 우리가 성공하시길 바라십니다. 그리고 성공하도록 소망을 갖게 하십니다. 또한 우리 마음 속에서 일어나는 소망은 하나님께서 우리를 당신의 자녀로 왜 부르셨는지에 대한 소명을 발견하게 합니다. 이 소명은 우리가 날마다 아침 잠자리에서 일어나게 하는 힘이며, 삶의 방향을 제시하는 이정표이기도 합니다.

특히 네트워크 사업에 있어서 소망은 함께 성공하고 싶은 이웃에 대한 신뢰의 손길이자, 성공하기를 바라는 이웃에 대한 기대이기도 합니다. 네트워크 비즈니스가 멋있는 사업인 이유가 여기에 있습니다. 소망을 나누는 사업이기 때문입니다. 소명이란 왜 이 사업에 하나님께서 부르셨는지를 알게 하시는 것입니다. 바로 그것은 성공의 소망을 이웃과 함께 나누라는 이유 때문입니다.

소망은 우리 자신을 위한 것인 동시에 성공하기를 원하는 이웃을 위한 것입니다. 그러므로 네트워크 비즈니스의 소망이 이웃을 위한 것이 될 때 우리에 대한 이웃의 신뢰를 낳게 합니다. 그러므로 크리스천 사업가들은 소망의 가치를 품고 사업을 펼쳐나가야 합니다.

하나님께서 아브라함을 부르셔서 축복의 근원으로 삼으시고, 축복의 통로가 되게 하신 이유는 아브라함 개인만을 위한 것이 아니었습니다. 아브라함에게 아들에 대한 소망을 갖게 하신 이유는 아브라함 개인에게 기쁨의 선물을 선사하는 것으로 그친 것이 아니라, 그로 인해 수많은 사람들을 축복하기 위한 것이었습니다.

우리를 통한 이웃의 축복이 바로 소망을 품게 하는 이유, 즉 소명입니다. 사업을 전개하는 크리스천들 또한 우리 이웃을 성공시켜야 할 소망이 이 사업을 선택한 소명이어야 합니다. 이것은 네트워크 비즈니스의 원리이기도 합니다.

네트워크 비즈니스 세계에 영향을 미치는 4차원 세계의 두 번째 요소인 소망은 자신뿐만 아니라 사업의 파트너에 대한 원동력입니다. 자신과 파트너의 성공에 대한 소망을 잃지 않는 것이 사업을 지속시킬 수 있는 힘이 됩니다. 그러므로 소망은 상대가 성장하기를 기대하며 기다려 줍니다.

소망은 파트너에 대한 인내와 관용을 갖게 합니다. 특히 소망의 원리는 파트너를 위한 4차원 세계의 원리로 끊임없이 파트너에게 소망을 심어 줘야 네트워크 비즈니스 세계에 있어서 성공의 나무를 키워 나갈 수 있습니다.

3. 4차원 세계 3단계 - 사랑

1) 사랑의 사람이 네트워크 비즈니스 세계에서 존경 받는다

 사랑의 사람이 네트워크 비즈니스 세계에서 존경을 받는 리더로서 큰 사업을 이끌어 갑니다. 네트워크 사업은 휴먼 네트워크가 중심이 되는 사업으로 거대한 휴먼 네트워크를 구축할수록 성공하는 사업입니다. 사랑의 힘만큼 사람들을 결집시키는 더 좋은 능력은 없습니다. 누군가 헌신적이고 섬기는 리더십을 발휘하고 있다면 그 사람 중심으로 사람들은 모여듭니다.

사업수완과 재능이 많은 사람들도 사람을 모으는 힘이 있다는 것을 부인할 수는 없을 것입니다. 그러나 그들은 단지 사람을 모을 수 있을지는 모르나 사업을 지속적으로 이끌어 갈 수는 없습니다. 사랑의 힘이 아니면 거대한 네트워크를 유지하고 확장시킬 수 없는 일이기 때문입니다.

2) 예수님과 사랑

인류를 향한 예수님의 사랑처럼 위대한 것은 없습니다. 언제나 용서하시고 감싸안아 주시며, 바른 길로 인도하시고 진리로 행하게 하시는 그 사랑은 입에서 입으로 전파되고 있습니다.

거창하게 매스미디어를 통해 광고를 하고 선전을 하지 않아도 그리스도의 사랑을 체험한 사람들이 구전으로 전하면서 거대한 신앙 네트워크를 형성하고 있습니다. 전세계에 20억이나 되는 신앙 네트워크는 그리스도 한 분의 사랑

> "내 계명은 곧 내가 너희를 사랑한 것같이 너희도 서로 사랑하라 하는 이것이니라 사람이 친구를 위하여 자기 목숨을 버리면 이에서 더 큰 사랑이 없나니 너희가 나의 명하는 대로 행하면 곧 나의 친구라" (요한복음 15:12-14)

으로 가능하게 된 것입니다. 제자들의 발을 씻기고 병든 자를 치료하시며 소외받고 상처받은 자를 싸매시며 심지어 죄인들의 실수와 죄악의 문제를 해결하시기 위해 당신의 목숨을 십자가 형장에 내놓으신 지극한 사랑으로 인해 신앙공동체는 만들어진 것입니다.

사랑만큼 감동을 주는 것은 없습니다. 그 감동이 사람들을 그리스도에게로 모이게 합니다.

크리스천 네트워크 사업가들도 마찬가지입니다. 사랑이 있어야 합니다. 사랑이 모든 부작용과 과열 그리고 변칙을 소멸시키고 본래의 사업원칙과 이념으로 정진하게 합니다. 사랑은 사랑을 베푸는 사람을 존경하게 하는 힘이 있습니다. 또한 사랑은 사랑을 베푸는 사람을 닮게 하는 힘이 있습니다. 그러므로 사랑으로 사업을 펼치는 사람은 존경을 받게 되고, 존경하는 대상을 닮게 만듭니다. 이렇게 만들어진 네트워크는 그 힘이 막강하고, 뿌리가 깊어져 어떤 비바람에도 쓰러지지 않게 될 것입니다.

특히나 네트워크 사업은 파트너를 이용의 대상이 아닌 성공을 위해서 섬겨줘야 하는 사랑의 대상으로 대접할 때, 그 진가를 발휘하게 됩니다. 대개의 사업은 이윤창출이 주목적이지만, 네트워크 사업은 당연히 이윤을 만들어 내는 것과 함께 더불어 사는 사랑의 나눔이 펼쳐져야 하는 사업입니다.

3) 네트워크와 바울

바울은 예수님의 사랑을 바탕으로 기독교 신앙공동체 네트워크를 세계로 확산시킨 사람입니다.

오늘날 20억에 가까운 사람들이 크리스천이라고 불리고

있지만, 초대 기독교는 '유대교에서 배척당한 군소집단에 지나지 않았다'라고 역사가들은 말합니다. 유대교로부터 이탈하여 기독교의 기초가 된 예수 그리스도는 겨우 3년간의 활동 후 소수 제자들의 먼발치에서 홀로 십자가 처형을 당했습니다.

그 누가 보아도 기독교는 더 이상 성장하지 않고 소멸될 것처럼 보였습니다. 그러나 기독교 신앙공동체는 세계초강국 로마의 갖은 박해와 핍박 속에서도 소멸되지 않고, 오늘날까지 건재하여 거대한 신앙공동체 네트워크를 형성하고 있습니다.

그 이유는 바울의 기독교 공동체 네트워크에 대한 비전 때문이라고 할 수 있습니다. 그 당시 바울은 '네트워크'라는 개념을 생각하고 있지는 않았겠지만, 그는 12년 동안 1만 마일이라는 먼 거리를 걸으면서 기독교 공동체를 그 당시 가장 큰 공동체로 성장시키기 위해 최선을 다했습니다.

그는 무작위로 선교여행을 다닌 것이 아니라, 신앙공동체가 효과적으로 성장할 수 있는 장소와 사람들을 접촉하려고 했습니다. 그는 신앙을 사회적 네트워크에 효과적으로 접목시킬 줄 알았던 기독교 최초의 탁월한 복음 비즈니스맨이었습니다. 바로 그리스도의 뜨거운 사랑이 이처럼 바울로 하여금 신앙 네트워크를 만들게 한 것입니다. 이로 인해 오늘날까지 그리스도의 사랑을 중심으로 한 신앙공동체가 확대되어 나가고 있는 것입니다.

4) 사랑의 원리에서 배우는 지혜들

사랑으로부터 발생하는 기능과 역할은 무궁무진합니다. 수많은 것들 중에 네트워크 사업에 필요한 사랑의 지혜를 몇 가지 소개하면 다음과 같습니다. 섬기는 리더십, 멘토십, 황금률, 사랑의 원심력, 축복의 통로 등이 그것입니다.

사랑은 추상적 개념이나 감정이 아니라 행동이고 의지입니다. 만약 사랑을 감성지수가 높은 감정의 영역으로 알고 있다면 그런 사람은 사랑을 오해하고 있는 것입니다.

얼마 전 명배우 멜 깁슨이 그가 감독한 '패션 오브 크라

이스트'를 통해 예수님의 고난과 그분의 사랑을 여실히 보여 주었습니다. 철 채찍에 살이 패어져 나가는 고통과 창에 찔려 옆구리에서 쏟아져 나오는 피는, 사랑은 감정의 영역이 아니라 의지의 영역이라는 것을 여실히 반영하고 있습니다.

네트워크 비즈니스 세계에서도 믿음과 소망으로 성장한 그룹을 위해서 리더들이 사랑의 실천가가 될 때 그 그룹의 활동은 계속될 것입니다. 사랑이 행동할 때 그 그룹은 뿌리가 깊은 성공의 나무가 될 것입니다. 그리고 사랑으로부터 오는 지혜를 통해 그 성공나무를 아름답게 가꾸어 나갈 수 있을 것입니다.

지식이 에너지라면, 지혜는 그 에너지를 발휘해서 결과를 얻게 하는 파워라고 할 수 있습니다. 사랑으로부터 발생하는 지혜는 행동하게 만드는 능력이 있습니다.

사랑의 지혜 1
섬기는 리더십
(Servant Leadership)

일반 직장은 그 나름대로의 리더십이 있습니다. 대개의 리더십은 피라미드 모양을 하고 있습니다. 회사의 회장이 가장 맨 위에 위치한 구조입니다. 모든 회사구성원이 톱 리더를 받들어 섬겨줘야 하는 리더십입니다.

수입구조도 상위로 갈수록 큽니다. 최상위는 항상 회사의 구성원들에게 나눠 준 한정적인 이윤을 뺀 나머지 모든 이윤을 챙깁니다. 그러므로 회사가 잘 되면 회장의 이윤이 커지는 것뿐입니다.

그러나 네트워크 사업 세계의 리더십은 역피라미드 모양을 하고 있습니다. 탑 리더가 제일 아래에 위치해서 구성원들을 섬기는 리더십입니다. 구조상 피라미드처럼 보여도 이윤배당에 있어서는 평등하게 실적만큼만 가져갑니다. 구조상 자신의 위치보다 먼저 있다고 해서 상위에 있는 사람들이 더 많은 이윤을 챙기는 것이 아닙니다.

일반적인 직장은 리더십이 높을수록 수입도 크고, 그 리

> "인자가 온 것은 섬김을 받으려 함이 아니라 도리어 섬기려 하고 자기 목숨을 많은 사람의 대속물로 주려 함이니라" (마태복음 20:28)

더십을 섬겨줘야 하는 특징이 있지만, 네트워크 사업은 리더십이 클수록 그만큼 다른 사람들을 섬겨줘야 하는 특성이 있습니다. 또한 다른 일반 직장과는 달리 성공의 노하우나 필요한 모든 정보를 사업 파트너들에게 제공해 줍니다. 일반 직장에서 그렇게 한다면 부하 위치에 있는 사람이 단번에 치고 올라와 승진의 기회로 삼으려 할 것입니다.

사람들은 세상을 적자생존의 진화론 시각에서 바라보며, 약육강식에 길들여져 있기 때문에 그 방식으로만 살아가려 합니다. 그러나 하나님의 창조법칙에서는 강한 자의 힘은 약한 자를 위해 발휘하도록 하는 것이 원칙입니다. 강한 자가 약한 자를 섬기는 리더십이 창조법칙입니다.

바로 네트워크 비즈니스는 창조법칙에 따라 만들어진 마케팅 원리입니다. 스폰서가 파트너를 여러 가지 방면에서 도와 줘야지 사업이 원활하게 진행될 수 있도록 만들어 놓았습니다. 정신적인 측면, 마케팅 원리, 리더십 훈련, 대인관계 등 다방면의 정보와 기술을 제공해 주는 섬기는 리더십을 발휘해야 합니다.

사랑의 지혜 2
멘토링 (Mentoring)

멘토는 그리스 신화에서 오디세우스가 트로이로 가면서 자신의 아들 다마스커스를 맡긴 선생의 이름입니다. 스승 멘토는 스승을 좋아하고 신뢰하는 제자 다마스커스가 성공하는 것을 보고 싶어 하는 심정으로 자식처럼 평생 각별하게 지도했습니다. 그런 관계에서 유래한 말을 '멘토링'이라고 합니다.

장애인 헬렌 켈러와 그녀의 스승인 설리반과 같은 관계를 두고 멘토링이라고 할 수 있습니다.

많은 장애에도 불구하고 참다운 사람이 되고자 했던 학

생과 그런 학생으로 진정한 사람을 만들고자 했던 위대한 스승의 노력이 없었더라면 존경받는 헬렌 켈러라는 인물은 세상에 없었을 것입니다.

다시 말해 참된 인간이 되고자 노력했던 헬렌 켈러의 의지가 없었다면 아무리 위대한 스승이 있더라도 그 일은 이루어질 수 없었고, 헬렌 켈러가 자기의 장애를 극복하고자 아무리 노력해도 헌신적으로 가장 적시 적절한 지도를 할 수 있는 스승이 없었다면 이 또한 이루어질 수 없었을 것입니다.

이와 같은 만남을 멘토링이라고 부를 수가 있습니다. 헬렌 켈러가 사회적으로 존경받는 인물이 되었을 때, 한 기자가 그녀에게 사랑이 무엇이냐고 질문하게 되었습니다. 그러자 그녀는 '사랑은 나의 선생님, 설리반이십니다'라고 대답했습니다.

멘토에 대응되는 제자를 프로테제라고 부르는데, 멘토링은 멘토가 프로테제가 지닌 잠재력을 이끌어 내도록 도와 주는 리더십을 말합니다. 스승의 기술이나 지식을 그대로 모방하는 제자훈련과는 다른 측면이 있습니다. 네트워크 비즈니스로 설명한다면 다음과 같다고 할 수 있습니다.

네트워크 비즈니스 1세대는 방문판매를 잘 하는 개인의 판매능력이 탁월한 사람들이 성공하던 시대인 방문판매시대였고, 네트워크 비즈니스 2세대 또한 숙련된 판매원이 다른 후배 판매원을 잘 훈련시켜서 다단계판매를 하는 시대였습니다.

그러나 오늘날은 여러 방면에서 일하는 다양한 사람들이 판매를 잘 해서가 아니라, 자신이 갖고 있는 재능과 기술에 네트워크 사업을 접목시켜 사업을 펼쳐 나가는 네트워크 마케팅 시대입니다.

그러므로 이제는 네트워크 비즈니스 1, 2세대처럼 한 판매원이 다른 판매원을 잘 복제시키는 제자훈련이 필요한 것이 아니라, 각자가 갖고 있는 재능을 최대한 살려서 마케팅에 접목시켜 주는 리더십이 필요한 멘토링 시대라는 것입니다.

바로 사랑의 지혜가 필수인 멘토링이 필요한 비즈니스 시대가 전개된 것입니다. 비즈니스 멘토링은 개개인의 재능의 잠재력을 그대로 살려 주는 일대일 인재개발이라고 할 수 있습니다.

사랑의 지혜 3
황금률
(Golden Rule)

사랑은 이기적인 집착과 다릅니다. 진정한 사랑은 상대가 자신 편에 이끌려 오도록 만드는 것이 아니라, 상대에게 다가서는 것입니다. 대접을 받으려고 하는 것이 아니라 대접을 하는 것입니다.

성숙한 사람일수록 대접을 받으려고 자신을 과시하거나 내세우지 않습니다. 상대의 입장에서 상대가 원하는 것이 무엇인지를 잘 살펴서 상대의 필요가 돼 주려고 합니다. 이것이 사랑의 황금률입니다.

네트워크 비즈니스를 펼칠 때 황금률의 지혜가 필요합니다. 특히 네트워크 비즈니스를 다른 사람들에게 처음 소개

"그러므로 무엇이든지 남에게 대접을 받고자 하는 대로 너희도 남을 대접하라 이것이 율법이요 선지자니라" (마태복음 7:12)

할 때 황금률의 원리를 잘 적용해야 합니다.

사람마다 네트워크 사업을 만나게 된 동기가 다릅니다. 많은 사람과 관계를 맺는 것이 좋아서 사업을 시작한 사람도 있고, 커뮤니케이션 기술이 탁월해서 탄력 있는 사업을 전개하는 사람이 있는가 하면, 메이크업이나 의료기술과 같은 자신의 기술을 사업에 잘 접목해서 사업을 시작한 사람도 있습니다. 이처럼 각기 다른 다양한 상황에서 사업을 만나게 됩니다.

그런데 어리석게도 네트워크 비즈니스 사업을 다른 사람들에게 소개하면서 자신이 경험한 측면에서만 고집스럽게 사업을 전개하려는 사람들이 있습니다. 그렇게 되면 사업을 소개받는 사람이 사업에 대한 매력을 잃고 안 좋은 선입감을 갖고 사업을 회피하게 됩니다. 그러므로 내게 즐거운 사업을 전하려 하지 말고, '상대가 즐겁게 받아들일 수 있는 사업'을 소개해야 한다는 것입니다.

누구든지 자신의 역량을 발휘하면서 사업을 펼칠 수 있는 이것이 바로 네트워크 비즈니스의 매력이기도 하기 때문에, 교사나 의사나 엔지니어나 가정주부나 요리사나 변호사나 교수 등, 누구나 네트워크 비즈니스 사업을 할 수 있습니다.

이런 네트워크 비즈니스의 특징을 잘 파악해서 사랑의 황금률을 적용하는 것이 또 하나의 비즈니스 지혜가 될 것입니다.

사랑의 지혜 4
사랑의 원심력
(The Centrifugal force of Love)

모세시대의 십부장 제도와 예수 그리스도 시대의 12공동체는 근본적으로 차이가 많습니다. 초대 이스라엘 민족의 지도자였던 모세는 200만 인구가 되는 이스라엘의 민생문제를 혼자 해결하려다가 모세의 장인 이드로의 제안으로 열 명을 한 단위로 묶는 십부장, 더 나아가 백부장, 천부장 제도를 도입했습니다. 이 제도는 민생문제를 각 부장들의 리더십으로 해결하고 통제하려는 피라미드 모양의 행정시스템이었습니다.

반면에 예수님의 12제자 공동체는 모세의 시스템과는 다릅니다. 6세기경 영국 아서왕의 원탁의 기사들처럼, 예수께서는 그들을 통제하고 감독하기보다는 친구처럼 대접하고 필드에서 직접 그들과 함께 생활하셨습니다. 예수께서는 자신의 모습을 그대로 보여 주면서 그들을 진정한 하나님의 일꾼으로 다듬어 나가셨습니다. 예수께서 멘토링한 12명의 제자들은 자율적으로 또다른 제자들을 만들어 나갔습니다.

이처럼 12사도가 기초가 된 초대교회 시스템은 제한된 무리를 통제하고 관리한 것이 아니라, 지속적으로 또다른 제자들에게 권한과 책임을 위임함으로써 숫자적 제한, 감시나 통제 없이 신앙공동체를 무한대로 확대시켜 나가는 시스템이었습니다.

　이런 일이 가능한 것은 예수 그리스도의 사랑에 뿌리를 둔 사랑의 지혜에서 비롯되었기 때문입니다. 사랑은 중심으로부터 퍼져 나가는 원심력을 지녔습니다. 네트워크 비즈니스의 구조도 출발지점으로부터 무한대로 뻗어 나가는 원심력을 갖고 있습니다. 그 확대의 힘이 바로 네트워크의 파워입니다.

　네트워크의 힘을 한 예로 들어 봅시다.

　할리우드 네트워크는 1890년대 첫 번째 무성영화 시대의 배우들로 구성된 핵으로부터 시작됐다고 봅니다. 1900년 당시 할리우드에는 배우가 53명뿐이었습니다. 영화에 대한 수요가 급증하면서 새로운 얼굴들이 추가되었고, 이 핵은 점점 더 커져 갔습니다.

　할리우드에 첫 번째 붐이 일어난 것은 1904년에서 1914년 사이로, 이 때 배우가 2천명 이상으로 늘어났습니다. 1980년대 두 번째 붐은 영화제작을 거대한 엔터테인먼트

산업으로 바꾸어 놓았습니다.

현재 미국 영화산업은 50명의 작은 클러스터로부터 50만 명 이상이나 되는 노드로 구성된 거대한 네트워크를 형성하고 있습니다. 영화를 사랑하는 사람들의 네트워크는 가공할 만한 문화의 힘을 발휘하고 있다고 볼 수 있습니다.

사랑은 거대하게 펼쳐지는 네트워크의 원심력 파워를 내포하고 있습니다. 사랑은 필드에서 직접 뛰고 파트너들과 함께 할 때 원심력의 힘을 발휘하여 거대한 네트워크를 형성해 나가게 합니다.

사랑의 지혜 5
축복의 파이프라인
(A Blessing Pipeline)

사랑은 축복의 저수지를 만드는 동시에 그 축복을 공급할 파이프라인을 만듭니다. 사랑은 나눔과 베풀어줌을 일깨워 주는 스승으로 네트워크 마케팅의 철학은 발생한 이윤을 평등하게 나누는 데 있습니다. 기업의 주인은 설립자 개인이지만, 네트워크 비즈니스 사업의 주인은 개개인으로 IBO(Independent Business Owner)라는

> "새 계명을 너희에게 주노니 서로 사랑하라 내가 너희를 사랑한 것같이 너희도 서로 사랑하라 너희가 서로 사랑하면 이로써 모든 사람이 너희가 내 제자인 줄 알리라" (요한복음 13: 34-35)

단어가 그것을 입증합니다. 기업 설립자들은 한결같이 사원교육을 시킬 때마다 주인의식을 가지라고 가르칩니다.

그 말은 바꿔 말하면 '당신들은 절대로 회사의 주인이 될 수 없지만, 주인처럼 열심히 일을 해 달라'는 뜻입니다. 이는 주인이 아니기 때문에 주인의식을 가져달라는 아이러니컬한 주문입니다. 다시 말하면 일은 주인처럼 하되, 보수는 주인처럼 줄 수 없다는 말이기도 합니다.

이런 모순을 뒤집어엎은 것이 바로 네트워크 마케팅 철학입니다. 주인처럼 주인의식을 가져야 하는 것이 아니라, 주인의 자리에 앉혀 주고 진정한 사업가로서 대접하는 것입니다. 모든 사람에게 축복의 파이프라인으로 주인의 권한과 이익을 나눠 주는 사랑의 철학에서 출발한 마케팅이 바로 네트워크 비즈니스인 것입니다.

5) 사랑은 닫힌 마음의 문을 여는 열쇠

 네트워크 비즈니스 세계에 영향을 미치는 4차원 세계의 세 번째 요소인 사랑은 네트워크 비즈니스 공동체를 튼튼하게 지탱하는 버팀목이기도 합니다.

 사랑은 밖으로 네트워크를 크게 구축하는 원심력의 파워도 있지만, 만들어진 커다란 공동체를 단단히 붙잡아 매는 구심력의 파워도 있습니다. 사랑은 축복을 전달하게 하는 힘도 있지만, 서로를 묶는 연결고리가 되기도 합니다.

 믿음이 산을 옮길 만한 힘을 발휘하게 한다면, 소망은 산만큼 무거운 역경의 무게를 버틸 수 있는 인내력을 갖게 합니다. 그런데 사랑은 세상에서 가장 단단하게 닫힌 마음의 문을 열게 할 수 있는 능력이 있습니다. 생각과 마음의 변화 없이는 네트워크 비즈니스에 입문할 수 없는데 그 변화를 유발시킬 수 있는 것이 바로 사랑의 힘입니다.

네트워크 비즈니스 세계에 있어서 사랑은 막힌 사업의 문을 열어젖히는 열쇠이기도 합니다. 파트너들의 성공을 위해서 그들의 잠재된 재능을 살려 사업을 펼칠 수 있을 때까지 배려하고 멘토링해 주는 마음이 사랑인 것입니다.

6) 믿음의 역사와 사랑의 수고와 소망의 인내

믿음과 소망과 더불어 사랑은 기독교의 핵심 가치관이기도 합니다. 믿음은 살아 움직이는 운동력이 있기 때문에 없는 것을 있게 만드는 역사의 힘이 있습니다. 그래서 비전을 품고 사업을 시작하게 합니다.

그리고 소망은 믿는 바를 이룰 때까지 기다리게 하는 인내력을 줍니다. 그래서 사업의 진정한 깊이를 알게 합니다.

마지막으로 사랑은 그 수고를 아끼지 않고 사람들을 하나로 이끄는 결속력이 있어 거대한 사업을 일으키게 합니다.

> "너희의 믿음의 역사와 사랑의 수고와 우리 주 예수 그리스도에 대한 소망의 인내를 우리 하나님 아버지 앞에서 쉬지 않고 기억함이니 하나님의 사랑하심을 받은 형제들아 너희를 택하심을 아노라" (데살로니가 전서 1:3-4)

이 3가지 영적 가치들을 갖고 사업을 펼치는 크리스천 사업가들의 앞날에 하나님의 축복이 넘칠 것입니다. 이는 하나님이 당신을 하나님의 자녀뿐만 아니라 지혜로운 사업가로 택하신 이유이기도 합니다.

책을 펴내며

"그런즉 믿음, 소망, 사랑, 이 세 가지는 항상 있을 것인데 그 중에 제일은 사랑이라" (고린도 전서 13:13)

영성의 3대 요소인 믿음과 소망과 사랑은 신앙인들이 살아가는 데 신앙생활의 기초가 되는 것일 뿐만 아니라, 모든 삶과 네트워크 사업의 깊은 뿌리가 됩니다.

믿음은 우리 자신에 대한 신뢰를 가져다 주고, 소망은 함께 성공하길 원하는 파트너에 대한 신뢰를 만들어 주며, 사랑은 커다란 네트워크를 유지할 수 있는 버팀목이 되어 우리라는 공동체 안의 신뢰를 만들어 줍니다.

믿음이 우리 자신을 위한 것이라면, 소망은 우리 자신뿐만 아니라 우리와 관계를 맺은 이웃을 위한 것이고, 사랑은 그룹 공동체를 위한 것입니다. 네트워크 비즈니스의 비타민과 같은 믿음, 소망, 사랑은 필수 영양소와 같아서 사업의 활성소가 됩니다.

겉으로 드러나 보이는 사업의 결과물은 3차원 세계에 있는 것이지만, 그것들은 영성의 3대 요소로 이루어져 있으며, 보이지 않는 4차원 세계의 지배를 받고 있다는 것을 크리스천 사업가들은 알고 있어야 합니다.

그 동안 신앙인으로서 성과나 성취를 위해서만 기도했다면, 이제부터는 그보다 갑절로 소중한 사업의 진정한 원동력을 위해서 기도할 때입니다. 그 원동력은 믿음과 소망과 사랑이라는 것을 기억해야 합니다. 믿음과 소망과 사랑은 항상 우리의 삶에 있을 것이기 때문입니다.

특히 네트워크 사업은 휴먼 네트워크 사업입니다. 곧 사람을 얻는 사업입니다. 돈을 쫓게 되면 사람도 놓치고 돈도 잃게 됩니다. 사람에게서 돈이 나오기 때문입니다.

그러므로 돈을 얻는 사업을 할 것이 아니라, 사람을 얻는 사업을 해야 합니다. 사람을 얻는 사업을 하려면 사람과 사람을 연결하는 믿음과 소망과 사랑의 실천가가 돼야 합니다. 더더욱 크리스천들은 신앙의 원리를 잘 아는 사람들로서, 그 본연의 정체성을 잃지 않고 사업을 펼쳐 나간다면 사람도 살리고, 경제도 살릴 수 있는 요셉과 같은 지혜로운 사람이 될 수 있을 것이라 기대합니다.

> 믿음과 소망과 사랑은 점진적으로 나로부터 파트너 그리고 그룹에까지 확장되어가는 4차원의 키워드입니다. 이 세 가지 열쇠를 가진 사람만을 진정한 크리스천 사업가라고 부를 수 있을 것입니다.